지은이에게

오늘을 껴안는
한   뼘 편지

보낸 이 – 김민

○∧

삶이라는 이야기의 주인

기적을 쓰는 사람

—————————— 에게

프롤로그

삶이라는 이야기를 써내려가는
당신에게 보내는 응원가입니다.

당신이 세상에 없던 이야기의
지은이임을 일깨우는 편지입니다.

진심을 전할 방법을
오랫동안 고민해 왔습니다.
결론은 편하게 읽히는 글이었습니다.
그래서 시의 형식을 빌렸습니다.
소박한 일상의 언어로 썼습니다.

차라리 죽고 싶었을 때 움켜쥐었던
어머니의 편지를 생각하며 썼습니다.
삶의 의미를 잃고 거리를 헤매고 다닐 때
주문처럼 외우던 시를 떠올리며 썼습니다.

한 뼘 크기의 책이
생을 건너갈 징검다리가 되길 바랍니다.

당신은 혼자가 아닙니다.
당신은 여전히 반짝이고 있습니다.
당신은 세상 하나뿐인 이야기의 주인입니다.

당신 안에 깃든 반짝임과 마주하기를 바라며
제가 모은 다정한 말을 전부 담아 보냅니다.

제1장

지은이에게

지은이에게

이야기를 쓰는 건 작가만이 아니죠.
농부는 땅의 이야기를 듣고
어부는 파도의 속삭임에 귀를 기울이죠.
판사는 이야기를 해석하는 사람이며
경찰은 타인의 이야기를 해치지 못하도록 지키죠.
간호사는 이야기를 이어가도록 돕는 사람이며
호스피스는 이야기를 무사히 마치도록 해주죠.
요리사는 이야기를 이어갈 연료를 내어주고
수의사는 말 못하는 생명의 목소리를 듣죠.
유치원 선생님은 아이들에게 이야기를 들려주고
사회복지사는 어르신들의 낮은 목소리를 듣지요.
용접공은 불꽃으로 철판에 이야기를 쓰고
프로그래머는 알고리즘으로 이야기를 쓰지요.
살아있는 모두가 지은이죠.
저마다의 삶에 깃든 문장이 모여
세상이라는 이야기가 되지요.

당신도 하나뿐인 이야기의 주인이죠.
이야기는 '흐름'으로 생명을 얻어요.
뜻밖의 사건이 있어야 하고
바라지 않은 만남과 이별을 통해 나아가죠.
시작과 끝을 선택할 수 없지만 그 사이의
모든 장면을 결정할 수 있어요.

기쁨으로만 채워진 삶이 없듯이
불행으로만 가득한 삶도 없어요.
매 순간 삶은 그저 반짝이고 있죠.

꽃이 제 향기를 맡지 못하듯
별이 제 반짝임을 보지 못하듯
스스로 읽을 수 없을 뿐
당신의 삶은 눈부셔요.

땡볕 아래 양귀비처럼
시린 겨울 동백꽃처럼
깊은 밤 빛나는 별처럼
당신도 반짝이고 있어요.

신의 뜻대로, 당신의 뜻대로

하나뿐인 이야기를 이어가세요.

당신에게 깃든 기적

깃발은 태풍에 찢어지지만
나비는 폭풍우를 견디죠.

유리는 깨지면 쓸모를 잃지만
씨앗은 깨져야 싹을 틔우죠.

쇠는 비를 맞으면 녹이 슬지만
초록 잎사귀는 싱그러움을 더하죠.

물건은 쓸모를 위해 만들어지지만
생명은 그 자체로 가치를 품고 있죠.

물건은 만든 순간부터 낡아가지만
영혼은 살아있는 한 계속 자라죠.

당신에게 깃든
바로 그 힘 때문에요.

이곳에 있는 꽃의 이름은

아름다운 것에는 주인이 없죠.
꽃과 바람이 그러하듯이
햇살과 초록이 그러하듯이
당신의 밤도 그러하겠죠.

아름다운 것에는 멈춤이 없죠.
구름과 파도가 그러하듯이
계절과 인생이 그러하듯이
지금 이곳에 있는 당신도 그렇죠.

아름다운 것들은 찰나에 머물죠.
무지개와 노을이 그러하듯이
어린아이의 웃음이 그러하듯이
이곳의 푸름은 누구의 것도 아니니까요.

내일을 빛내기 위해 오늘을 꺼두지 않기를.
오늘의 나를 포기한다면

내일의 기쁨을 느낄 나도 없을 테니까요.

지금 꽃이 피네요.
여기 꽃이 지네요.
두고 보세요.
돌아보면 지금도 꽃일 테니까요.

오늘의 꽃 내일의 별

사랑이 남긴 그림자는 밤을 짙게 물들이고
상실의 아픔은 멀어질수록 반짝이지요.
괴로웠던 날들도 지난 후에는 그리움이 되고
지친 하루가 모여 당신의 정원이 되었죠.

흔들리는 날에는 바람과 춤을 추었고
무너진 날에는 파도가 되어 밀려들었죠.
당신은 삶을 향한 고백을 계속하고 있었죠.

대답 없는 고백도 노래가 되고
피우지 못한 꽃도 이야기가 되었죠.
헛된 바람도 무너진 꿈도
당신을 이곳으로 데려온 파도였죠.

붉은 꽃과 푸른 잎이 그러하듯이
구름 낀 하늘도 어두운 밤도
당신의 무지개를 위한 물감이었죠.

껴안으면 꽃이 되고
멀어지면 별이 되죠.
인생의 모든 순간은

무지개를 만드는 사람

제게도 지우고 싶은 기억들이 많아요.
일단 기억조차 확실하지 않은 2012년은 빼고
인생 낭비에 불과했던 26개월의 군복무는 빼고
끝내 이어지지 못한 9년간의 연애를 빼고

생각만 하다 흘려보낸 날들을 지우고
헤어진 후 엉망진창이었던 5년을 지우고.
아무도 읽어주지 않을 글을 쓰던 밤을
지운다면 과연 무엇이 남을까요.

나를 살리려 애썼던 사람들과
내 생에 가장 아름다운 문장들과
살기 위해 몸부림치던 순간과
별 일 없기에 소중했던 일상들
내가 꿈꾸고 사랑한 모든 것들이
함께 사라지고 말 테지요.

흉터를 지우면 아무것도 남지 않을 테지요.
얼룩을 빼버리고 나면 백지만 남을 테지요.

당신의 날들도 마찬가지 아닌가요.
지우고 싶은 기억이 없었더라면
일어나지 않았으면 좋았을 일과
부르지 못하게 된 이름들이 아니었다면
당신은 이곳에 있지 않을 테지요.
당신은 당신이 아닐 거예요.

그렇게 바람이 불었던 것은
먼 여행을 떠나는 당신의 날개에
힘을 실어주기 위해서였죠.

그렇게 많은 비가 내린 이유는
당신에게 깃든 초록의 생명을
일깨워주기 위해서였죠.

그토록 어두웠던 밤들은
당신 안에서 빛나고 있는

별을 발견하기 위해서였죠.

그렇게까지 많은 일이 생겼던 이유는
한 가지 색으로 무지개를 그릴 수 없기 때문이었죠.
당신의 삶을 세상의 빛으로 물들이기 위해서였죠.

당신은 그런 사람

말할 때와 침묵할 때를 구분하는 사람
나이 듦을 핑계로 삼지 않고
세월과 함께 내가 되어가는 사람
자신을 인정하고 타인을 존중하는 사람
멀리 보라고 말하는 대신
가까이 있는 것을 아껴주라고 말하는 사람

결과보다 도전을 귀하게 여기는 사람
성공보다 가족을 소중히 대하는 사람
내가 아니라 안도하는 자신에게 실망하는 사람
나만 잘되면 괜찮다는 마음을 경계하는 사람

협박보다 양심에 굴복하는 사람
생각의 무게를 감당할 체력을 기르는 사람
고독의 무게를 영혼의 질량으로 전환해 내는 사람
깃발을 흔들기보다 손수건을 건네는 사람
합리적 의심보다 엉뚱한 상상을 즐기는 사람

세상사는 몰라도 감사는 잊지 않는 사람

아이들을 예뻐하고 어린아이처럼 웃는 사람
옳음을 이야기하기보다 좋은 것들을 말해주는 사람
주장을 내세우는 대신 일상의 실천을 더하는 사람

맛있게 먹고 즐겁게 마시는 사람
꿈꾸고 사랑하는 일에 게으름피우지 않는 사람
해야 할 일의 목록에서 자신을 빠뜨리지 않는 사람
나를 사랑하는 일이 세상을 사랑하는 길임을 아는,
잠시 깜빡해도 빛은 사라지지 않고
애쓰지 않아도 삶은 반짝이고 있음을 아는 그런 사람.

기적은 여기에 있어

꽃 한 송이에 머무른 발길
하루가 싱긋 웃어주고
다정한 말 한마디 건네니
사랑이 꼭 안아 주네요.
기적은 일어나지 않아요.
바로 여기에 있어요.

사는 게 다 그런 거라지만
삶이란 내가 그려가는 것이죠.
생에 가장 찬란한 순간은
나를 위해 멈춰선 지금이에요.

꽃길이 아니면 어때요.
눈앞의 꽃을 바라보는
당신이 활짝 피어있는 걸요.

이 햇살을 가졌으니 부자죠.

이 바람을 느꼈으니 성공이죠.

세상은 자신을 바라보는 이에게

기쁨을 선물하는 법이죠.

어느 날 돌아보니

문득 돌아보니
사는 게 쉽지 않았던 때보다
반짝이는 순간이 없더군요.
별일 없이 무탈했던 날마다
기쁨이 깃들어 있더군요.

맑은 날만 계속되면
모든 꽃이 말라 죽었을 테지요.
쓸모 있는 것만 남긴다면
저 들판은 사막이 되었겠지요.
의미 있는 걸로만 채웠다면
저 산에는 바늘 꽂을 곳도 없겠지요.

모두가 한 시대의 증인이고
삶의 주인 아닌 사람이 없죠.
저마다 자신의 세계를 만들고 있죠.
각자의 계절을 살아내는 이들이

피운 꽃으로 세상은 찬란하네요.

안쪽으로 파고들지 않아도 인생이죠.
바깥으로 빙 둘러가도 삶의 가운데에 있었죠.
저기 모두, 길을 만드는 사람들이죠.
지금 여기, 머무를 수 없는 찬란함이죠.

이곳이라니, 이 꽃이겠지요.
다시 눈앞의 삶을 바라보니
기적이라는 단어 말고는
설명할 말을 찾을 수 없네요.

당신에 대한 이야기는 당신이 아닙니다

타인에게 자신을 증명하려 하기에
삶이 고단해지는 것은 아닐까요.

지금껏 흘린 땀과 눈물이 당신을 증거 하는데
왜 사람들의 인정이 필요한가요.
박수가 없어도 당신의 모든 발걸음이 승리인걸요.

사람들이 알아주지 않는다고 서운해할 필요 없어요.
당신이라는 사람의 너비를 잴 수 없어서예요.
당신 영혼의 깊이를 들여다볼 수 없어서죠.

타인의 말을 신경 쓰지 마세요.
당신에 대한 어떤 이야기도
당신의 이야기가 될 수 없으니까요.
이야기의 주인은 한 명뿐이에요.
당신이 꿈꾸고 사랑한 것만이
당신의 이야기가 되지요.

어디로 가건 빛나고 있다

땀이 배신하면 어때서요.
노력이 거짓말해도 신경 쓰지 마세요.
누군가 알아주지 않으면 어때서요.
가다가 쓰러지더라도 자신이 선택한 길이라면
거기서 죽어도 좋은 게 꿈이니까요.
지금 당장 끝나도 괜찮을 삶을 사세요.

미련하다는 말을 듣는 사람은
미련을 남기지 않아요.
자신의 발걸음을 믿는 사람은
뒤를 돌아보지 않아요.
자신을 던지는 사람은
추락을 두려워하지 않아요.

그저 날아가면 돼요. 그저 흘러가도 돼요.
바다로 향하는 강물이 비를 두려워하던가요.
민들레 홀씨가 바람을 두려워하던가요.

이르게 되는 것만으로도 이룸이니까요.
끝내 찾지 못하면 어때서요.
입맞춤하듯 이곳저곳 여행하는 것이
이 별에 온 목적인걸요.

바람이 된 사람이 길을 잃을까요.
파도가 되어 나아가는데 무너짐을 두려워할까요.
마음의 빛을 따르는데 어둠을 무서워할까요.
먼지가 되어 사라질 텐데 상처를 두려워할까요.
욕심을 내려놓으면 모든 곳이 길이죠.
꽃이 시들면 초록이 돋고 비 온 뒤에 열매 맺죠.
한없이 일렁이다 고향으로 돌아갈 뿐이죠.

지도를 만드는 사람

유일한 방법이라 믿었다면
그것만이 옳은 선택이었죠.
지금 마주한 결과를 책임진다면
이곳이 최선의 상황인거죠.
실패나 성공은 본질이 아니에요.

우리는 이야기를 쓰는 사람이죠.
저마다의 지도를 만드는 사람이죠.
무너지면 어때서요. 다시 일어서면 그만이죠.
빛나가면 어때서요. 어디로 가건 빛나는 걸요.

무대 위 주인공이 아니면 어때요.
세상 하나뿐인 이야기의 지은이는 당신인걸요.
오아시스 때문에 사막을 걷지 않기를 바라요.
봄을 기다리느라 오늘을 내버려 두지 않기로 해요

어디로 가도 길이 되고

어디에 있건 빛나는 것이 삶이니까요.

지도를 만드는 사람은 길을 잃지 않아요.

삶의 어디로 가도 절정이기에.

꽃에게 배우다

매화가 피는 골목과
분홍 장미가 피는 담벼락
달맞이꽃이 핀 공터
동네 어디에 무슨 꽃이 피는지
아는 것이 지혜입니다.

동백꽃 앞에서 멈춰 서고
찔레꽃 향기를 맡아보고
복사꽃 아래에서 쉬어갑니다.
이것이 용기입니다.

사람들 가슴마다 핀 꽃을 봅니다.
꽃이 빗물을 먹고 자라듯
사랑은 따스한 말로 키웁니다.
다정한 말을 건네는 마음
이것이 사랑입니다.

당신이 남길 것도
남기지 않을 것도
사랑뿐입니다.

사라진 것들, 살아낸 날들

사랑한 흔적이고 살아낸 증명이니
흉터를 부끄러워하지 않아도 돼요.
길을 헤맸기에 넓은 세상을 볼 수 있었죠.
멀어진 인연이 있어 반짝이는 추억을 갖게 되었죠.

끊어진 연결고리는 새로운 세상을 여는 열쇠가 되었죠.
흑역사라 부르는 것도 지금이라는 꽃을 피울 거름이었죠.
어둠 속을 걸을 때에도 삶은 언제나 빛나고 있었어요.

서툴렀던 건 순수했기 때문이고
이루지 못한 일들은 도전했기 때문이었죠.
당신이 사랑한 이름들은 삶을 이루는 조각이 되었고
그럴 수 없던 인연들은 당신을 더 나은 사람으로 만들었죠.

흉터는 당신 인생의 이야기에서 밑줄 그어진 문장이죠.

꽃 말고는 바치지 말라

꿈을 위해 바치지 마세요.
사랑을 위해 바치지 마세요.
가족을 위해 바치지 마세요.

청춘을 바쳤다 말하지 말아요.
인생을 바쳤다 여기지 말아요.
당신은 꿈을 꾸었을 뿐이에요.
마음을 내어주었을 뿐이에요.
온기를 나누었을 뿐이고
세월에 흔적을 남겨왔을 뿐이죠.

바친다는 말에는 후회가 깃들어요.
바쳤다는 마음은 희생을 전제하죠.

당신은 삶을 누렸을 뿐이에요.
당신이 선택한 인생이었고
당신이 만들어온 길이었어요.

헌신이 아닌 '누림'이었죠.

바침을 누림으로 여기면
지금까지의 모든 순간이
당신의 지금을 지탱해 줄 거예요.
세상이 당신의 이야기를 지지할 거예요.

꽃 말고는 바치지 마세요.
당신의 빛을 망치지 말아요.

오늘의 꽃말은

얼굴을 찌푸리게 만들었던 소음도
하루라는 노래를 완성하기 위한 음표죠.
아무 의미 없는 것처럼 보였던 문장은
다음 문장과 만나 이야기가 되지요.
얼룩이라 여겼던 일들도 삶이라는
그림을 그리기 위한 물감이었지요.

흉터는 꽃 핀 자리였고 상처는 꽃 필 자리죠.
떠나간 이름은 저 편에서 빛나는 별이 되었고
멀어진 인연은 시린 밤 가만히 불러보는 숨결이 되죠.

오늘이라는 꽃이 피고 지는
당신의 대지는 얼마나 너르고 풍요로운가요.
헤아릴 수 없는 지금이 오롯이 쌓인
당신의 삶은 밤하늘의 별보다 반짝거리죠.

어제의 바람이 저 편으로 사라지듯이
오늘의 꽃은 내일이면 지고 말겠지만
당신이 지닌 생명의 힘은
모든 순간을 품고 나아갈 테죠.

한 번뿐이라는 말은
처음이자 마지막이라는 뜻이죠.
세상에 없던 오늘이었고
다시는 못 볼 하루라는 말이죠.
모든 하루가 한 번뿐인 여행이었죠.
오늘의 꽃말은 여행,
부디 즐거운 여행이 되기를

삶을 이야기로 받아들이면

저 사람에게도 사연이 있겠지
관계의 불가피함을 인정할 때
비로소 평화가 찾아오듯이
이것 또한 이야기가 되겠지
생의 불가해함을 납득할 때
삶은 새롭게 시작되지요.

삶을 이야기로 받아들이면
당신의 모든 순간이
지금에 이르기 위해 반드시
필요했던 장면임을 깨닫게 되죠.
당신에게 닥친 불행마저도
이야기를 위한 소재에 불과해지죠.

노트를 지저분하게 만들수록
이야기가 매끄러워지듯이
고난을 겪으며 단단해진

당신의 영혼을 마주하게 되겠죠.

번드레한 문장에 현혹되지 않겠죠.
누구의 이야기도 함부로 대하지 않겠죠.
한 문장도 허투루 쓰지 않게 되겠죠.

당신은 하나뿐인 이야기의 주인
이야기를 시작하는 사람도
이야기를 이어갈 수 있는 사람도
오직 당신뿐이지요.

새들의 울음소리가 그러하듯이
나뭇잎을 스치는 바람이 그러하듯이
파도를 가르는 물고기가 그러하듯이
당신의 발걸음은 노래가 되겠죠.

당신은 바람을 일으키는 사람

풍랑을 뚫고 온 배가
소나기를 두려워할까요.
폭풍우를 견뎌낸 나무가
산들바람을 두려워할까요.
당신이 지나온 길목마다
승리의 흔적이 새겨져 있어요.

별이 어둠을 두려워할까요.
새가 하늘을 두려워할까요.
파도가 비를 두려워할까요.
두려움 없이 나아가는
당신의 발걸음 앞에
길이 만들어질 거예요.

내내 마음을 할퀴는 건
바깥으로 나오지 못한 꿈이고

끝내 가슴에 남는 건
눈을 뜨고 꾼 꿈이겠지요.

가슴에 갇힌 희망은 미련이 되지만
손발에 깃든 희망은 미래가 되지요.
바람은 길을 만들며 나아가죠.

길목마다 상상도 못한
풍경이 기다리고 있을 거예요.

바람을 기다리지 마세요.
당신은 바람이 불어오는 곳
바람을 일으키는 사람이니까요.

마침내 주인이 집으로 돌아오다

어디를 그리 바삐 가나요.
무엇을 좇기에 그렇게 쫓기듯 사나요.
도망치듯 걷는 걸음에
기쁨이 스며들 겨를조차 없네요.

언제쯤이면 그곳에 닿을 수 있나요.
바라던 그곳을 찾으면
영원토록 머물 수 있을까요.

성공이라 부르는 것들은
우리가 건너는 생의 바다에서
해변의 모래성에 불과하답니다.

이곳에 일렁이는 기쁨을 느껴보세요
이곳의 푸름을 놓치지 말아주세요.

손을 내밀면 몸을 맡길 바람이 이곳에

눈길 건네면 미소 지을 꽃들이 당신께

당신만을 기다려온 풍경이 이곳에

당신만이 풀어볼 수 있는 선물이 여기에

자랑할 것이 없으면 어때서요.

사랑할 것이 이렇게나 많은 걸요.

주인공이 아니면 어때서요.

이야기의 지은이는 언제나

당신이었는걸요.

첫 입맞춤에 딴 생각을 하는 사람은 없죠.

그렇게 지금을 마주하는 거예요.

다시 못 볼 사람을 껴안으면서

마음이 다른 곳에 있는 이는 없죠.

지금 역시 그러한 순간이랍니다.

이곳이 당신이 꿈꾸던 장소에요.

지금이 당신이 사랑할 전부에요.

다음에는 행복이 없어요.

지금에 깃든 기쁨이 있을 뿐이죠.

장밋빛 내일 때문에

오늘의 무지개를 놓치지 않기를 바라요.

그런 사람이 되렵니다

타인을 설득하는 달변가보다
자신을 납득하는 보통의 사람이 되렵니다.

이기기 위해 경쟁하는 운동선수보다
삶을 사랑하려 땀 흘리는 보통의 사람이 되렵니다.

재료를 따지고 간을 문제 삼는 미식가보다
맛있게 먹고 즐겁게 마시는 보통의 사람이 되렵니다.

보다 나은 사람이 되기 위해 책을 읽는 독서가보다
책을 읽을 여유만으로 성공이라 여기는 사람이 되렵니다.

넓은 집에 값비싼 물건을 가득 채운 부자보다
좁은 집을 감사로 채운 보통의 사람이 되렵니다.
정의를 논하며 깃발을 흔드는 웅변가보다
눈물짓는 이에게 손수건을 건네는 사람이 되렵니다.

성공을 위해 모든 것을 거는 야심가보다
오늘의 나에게 말을 거는 보통의 사람이 되렵니다.

보통의 삶이 기적임을 잊지 않고
길을 걸어가는 여행자가 되렵니다.

이곳에서 마주한 당신의 삶 역시 그러하기를
진심으로 소망합니다.

제1장 . 지은이에게

작은 것들을 사랑하는 커다란 하루

삶을 견디는 힘은 사소한 것에서 오더군요.
갓 지은 쌀밥, 돌 틈 사이 꽃, 푸른 잎에 깃든 햇살
사소한 것들을 지나치지 않는 오늘이길 바라요.

삶을 버틸 힘은 작은 것들에서 오더군요.
다정한 포옹, 토닥이는 손길, 따뜻한 말 한마디
작은 것들을 건네는 오늘이길 바라요.

어디로 가기에 늦었다 하나요.
우리는 이 별에 잠시 핀 꽃인걸요.

봄은 심지 않아도 오지요.
누가 보아주지 않아도
당신의 삶은 활짝 피어있어요.

오늘, 작은 것들을 사랑하는
커다란 하루이길 바라요.

당신에게 건네는 축복의 말

사막 부족이 모래바람과 함께 살아가듯이
어떤 상처를 입어도
당신은 그것을 품고 사는 법을 배우게 되리라.

바다마을 사람이 폭풍과 함께 살아가듯이
어떤 고난이 닥쳐도
당신이 지닌 생명의 힘을 꺾을 수 없으리라.

어둠 속을 걷는 이가 별자리를 찾아내듯이
어떤 상실을 겪어도
당신은 그곳에서 반짝이는 추억을 얻으리라.

씨앗이 그러하듯이
영혼은 비와 바람을 품어야 푸르러진다.
씨앗이 자리 잡은 곳에 어떻게든 뿌리를 내리듯
영혼은 어디에 있건 빛을 잃지 않는다.

운명이 당신에게 어떤 짓을 하더라도
당신의 이야기는 앞으로 나아가리라.

결핍 속에서 감사를 배우리라
고독 속에서 빛을 찾으리라.
삶이 어디에 닿건
당신은 그곳에서 기쁨을 찾아내리라.

당신은 언제나
삶의 한가운데를 걸으리라.

사람에
아픈 너에게

당신의 숲이 되리라

새들에게 열매를 내어주기에
나무는 숲이 될 수 있지요.
우리가 잃어버린 이름들이
삶을 반짝이게 만들어주죠.

바람에 몸을 맡기기에
민들레는 다시 피어나죠.
우리에게 일어난 사건들이
삶을 나아가게 만들어주죠.

벌들을 껴안아주기에
세상 모든 꽃이 피어나듯이
밀려드는 슬픔을 안아준다면
당신의 삶은 바다가 되겠죠.

파랑만으로 바다를 그릴 수 없죠.
초록만으로 산을 표현할 수 없죠.

너른 숲에는 많은 비가 필요한 법이죠.

당신의 삶 역시 그러합니다.

사랑할 수 있는 슬픔은

소중한 것들은 모두 무너져 내리는데
왜 부서진 것들은 이토록 반짝이는 걸까요.
그의 이별과 당신의 이별이 만나 사랑이었듯이
당신의 상실과 아픔이 모여 이 별의 노래가 되죠.
우리로 함께 했던 순간은 밤마다 반짝일 테죠.
다시 못 볼 얼굴은 내내 빛날 이름이 되죠.

각자의 길을 걷게 되는 것이 서글프기만 할까요.
여린 새싹이 자라 가지를 뻗고 꽃을 피우고
열매를 맺으며 숲을 이루는 거죠.
생에서 마주한 인연들이 모두 그러했죠.
뿌리에서 돋은 가지가 같은 하늘을 향하듯
그 시절의 온기를 품고 사는 거죠.
사랑이었던 존재에게 그러하듯이
사랑이었던 감정에도 존중을 잃지 않기로 해요.

바람이 멈추면 나의 일부가 된 슬픔이 있죠.

사랑했던 이름들이 그곳에 있어요.

살아낸 날들을, 살아있음을 증명하는 흉터를

사랑할 수 있는 슬픔이라 불러요.

아직 맛보지 못한 달콤함이 선물이라면

사랑할 수 있는 슬픔은 나만의 보물이 되죠.

그때의 상실이 찬란한 추억이 되었듯

오늘의 아픔은 내일을 반짝이게 만들겠죠.

그때 나를 무너뜨린 사건이 지금의 나를 만들었듯이

오늘 당신을 흔드는 바람은 내일로 데려다줄 파도가 되겠죠.

고요 속에서 들리는 것들

자신을 채찍질하는 걸로 모자라
채찍질을 견디는 걸 보람으로
삼고 있지는 않나요.

우리는 별을 쫓느라
지금 딛고 선 땅이
별의 일부임을 잊지요.

시든 잎에 물을 주느라
지금이라는 꽃에 깃든
향기를 맡지 못하죠.

귀를 기울여 보세요.
꽃잎이 춤추는 소리
지렁이가 기어가는 소리
고양이가 하품하는 소리
나비의 날갯짓을 들어보세요.

제2장 . 사람에 아픈 너에게

바람이 속삭이는 이야기

당신의 계절에 인사를 건네세요.

고요 속에서만 들리는 노래가 있어요.

고요에 물들어야만 보이는 풍경이 있어요.

가끔 홀로일 수 있는 용기가 필요하죠.

영혼의 반짝임을 되찾기 위해

침묵 속으로 들어가 보세요.

고요 속에서 당신과 마주하세요.

그래도 사랑해야만 한다

끝을 바라지 않았을 테지만
기대했던 시작도 아니었지요.
사랑을 기적이라 부르는 것은
사람은 어쩔 수 없는 힘이
작용하기 때문이겠죠.

세상에 없던 세상이 열리고
잠시 그 안에 살다가
그 세상을 품고 사는 일을
사랑이라 부르죠.

어둠 사이에 별이 빛나듯
침묵 사이에 사랑이 있죠.
숨결마다 기적이었어요.

얼굴을 묻었던 그 밤
별 끝에 새겨진 이름은

살아가는 내내 빛이 될 테죠.

사라진 것은 없어요.
지나간 계절과
그날의 반짝임은
당신에게 깃들어 있어요.

꽃이 져야 열매 맺듯이
한때 전부였던 것들은
당신을 이루는 조각이 되었죠.

사람에게 상처 받은 날에는

말도 안 되는 소리에 대꾸할 필요 없어요.
사랑하지 않는 이에게 에너지를 낭비하지 마세요.
그들을 위해 한 줌의 시간도 내어주지 마세요.

그냥 그곳에 두고 오세요.
그들이 진흙탕에 살도록 내버려 두세요.
살다 보면 빗물이 튈 때도 있는 법이니까요.

사람에게 상처받은 날에는 주문을 외워보세요.
당신이 사랑하지 않는 것들이
오늘을 망치도록 허락하지 않겠다고요.

날씨에게 화를 낸다고 달라지는 것은 없죠.
당신을 힘들게 하는 관계 역시 풍경에 불과해요.

금방 스러질 바람인걸요.
잠시 내리치다 그칠 비인걸요.

우산을 준비하고 창문을 닫아두세요.
내일이면 생각도 나지 않을 거예요.

날이 개면 당신의 숲은 푸르러질 테죠.
지금 당신 숲에 피어있는 꽃들을 돌봐주세요.
당신을 비추는 빛을 향해 손을 내밀어 보세요.

상실을 겪은 당신에게

잃어버린 것을 되찾는다 해도
잃어버린 그것은 아닐 테죠.
만남을 이어갈 수는 있어도
인연을 끌고 갈 수는 없답니다.

시간이 모든 걸 해결해 준다는 말은
전부 사라진다는 뜻이 아니에요.
빛나는 것만 남는다는 뜻이지요.

그들은 이야기의 바깥으로 사라졌지만
그들이 없었다면 이야기는 이어지지 못했겠죠.
그들은 당신의 등을 비추는 빛이 되었죠.

모든 순간은 당신 안에 깃들어있죠
데려오지 못한 이름들은
저 너머에서 내내 반짝이고 있을 거예요.

빗물에 몸을 씻는 꽃처럼
초록 잎 돋아나는 숲처럼
삶은 아픔을 머금고 자라죠.

바람에 몸을 맡긴 낙엽처럼
여행을 시작한 민들레 홀씨처럼
삶은 비움을 통해 성장하죠.

눈보라를 견뎌낸 붉은 동백처럼
서리에도 푸르른 대나무처럼
영혼은 추위를 품고 단단해지죠.

당신이 짊어진 아픔은
언젠가 마음이 떠다니는 날에
삶을 붙들 닻이 될 거예요.

그만 탓하고 다시 탐하라

반짝하고 사라진 것들은
오랜 그리움이 되지요.
깜빡거리는 지금도
그러한 순간이겠지요.

꽃이 져야 초록이 돋아요.
꽃을 보내야 열매를 맺지요.
사랑은 멀어지며 추억을 새기죠.
마음에 지워지지 않을 빛을 새기면서
어찌 아프지 않기를 바랄까요.

슬픔은 떠난 이가 남긴 유산이죠.
아픔은 멀어진 이의 마지막 선물이죠.
어둠을 끌어안고서 별자리를 만드는 거죠.

다정히 쓰다듬던 이름은
지워지지 않을 문장이 되지요.

애타게 부르던 이름은
생을 부르는 노래가 되지요.

한 번 잃어버렸기에
다시는 잃지 아니할 이름이 남았죠.

가없는 서글픔으로 다시 못 볼
서로를 껴안으려는 몸짓을
삶이라 부르는 거겠지요.

관계를 통해 존재를 연습한다

타인을 용서하는 건
언젠가 보답받기를 바람이 아니라
자신과 화해하는 법을 배우기 위함이죠.
우리는 관계를 통해 존재를 단련하죠.

매사에 감사하는 건
겸손한 사람으로 보이기 위함이 아니라
삶과 잘 지내는 법을 배우기 위함이죠.
우리는 감사를 통해 행복을 학습하죠.

타인을 이해하는 건
그 또한 이해해주길 바람이 아니라
자신을 납득하는 법을 배우기 위함이죠.
우리는 존중을 통해 자존을 훈련하죠.

누군가를 사랑하는 건
자신을 사랑해주길 바람이 아니라

삶을 사랑하는 방법을 익히기 위함이죠.
우리는 사랑을 통해 삶을 소유하죠.

타인의 말로 이야기를 망치지 않는다

꽃 둘렀다고 칼이 날카롭지 않던가요.
꿀 발랐다고 독이 위험하지 않던가요.
보기 좋게 꾸며낸 말을 조심하세요.
속셈을 감춘 달콤한 말을 가려내세요.

주장을 사실로 믿지 않아야 해요.
해석을 진실로 믿지 않아야 해요.
판단을 정의로 믿지 않아야 해요.
말은 가려듣고 사람은 나누지 마세요.
자극적인 말에 길들여지지 마세요.

있는 그대로 들어 마음을 편히 하되
본질을 들을 수 있는 힘을 기르세요
표정과 몸짓. 태도까지 들어보세요.
경청은 타인을 위한 일이지만
자신을 구하는 일이기도 해요.

어떤 말을 하는지 보다

어떤 방식으로 전하는지가

사람의 됨됨이를 알려주는 법이죠.

말로 가르치는 것에 쓸 만한 것이 적고

몸으로 가르치는 것에 버릴 것이 없어요.

타인은 나보다 나를 잘 알 수 없어요.

타인은 나보다 나를 신경 쓰지 않아요.

타인의 말을 해석하느라

시간을 낭비하지 마세요.

칼로는 비를 막을 수 없는 법이죠.

말로 싸우려 들 필요 없어요.

침묵을 우산 삼아 흘려보내세요.

타인의 해석은

당신의 존재를 설명할 수 없어요.

타인을 집에 들이지 않는다

그들에게는 그들의 사연이 있겠죠.
그렇게 생각하면 그만 아닌가요.
그들의 문제를 공유할 필요는 없어요.

그들의 사연에 대해 생각하지 마세요.
타인의 행위를 이해하려 애쓰지 마세요.

타인을 당신의 집안에 들이지 마세요.
타인의 언행으로 집을 어지럽히지 마세요.
그날의 날씨라고 생각해 버리세요.
흐린 날도 비오는 날도 있는 법이죠.
날씨가 기분을 결정짓도록 허락하지 마세요.
사람은 바꿀 순 없지만
삶을 대하는 태도는 바꿀 수 있으니까요.

연예인의 사생활이 어떻든 무슨 상관인가요.
타인의 평판을 알아서 어디에 쓸까요.

타인에 대한 관심을 끄면 삶에 초록불이 들어와요.

도움을 청하는 손길을 외면하지 않고
친절과 배려로 사람을 대하세요.
딱 거기까지요.

이해할 수 없는 타인에게 설명하느라
낭비하기에 삶은 너무 짧으니까요.

이해할 수 없는 것들은 내버려 두고
마땅히 누려야 할 기쁨을 붙잡으세요.

사랑을 잃은 너에게

울음을 참을 때 하늘을 보는 건
멀어진 것들과 눈을 맞추기 위해서죠.
울음을 삼킬 때 고개를 숙인 건
그곳에 피어난 꽃을 보기 위해서죠.

아무것도 남지 않았다니요.
별 오려낸 자리 별 모양이 생기듯
마음 준 자리에 온기가 남았지요.
누군가의 등허리 반짝반짝 스티커 하나
세상에 다녀간 흔적이라면 충분하지요.

사랑했던 그는 존재하지 않지만
그를 사랑했던 사람이 남았어요.
사랑할 수 있는 슬픔을 가진 사람은
사랑하지 않는 슬픔에 빠져 죽지 않지요.

헤어짐에 때가 없듯이

이별은 나이 먹지 않아요.
당신이 사랑한 순간은
여전히 그곳에 있어요.

벌레 먹어도 꽃은 꽃이지요.
이별은 사랑의 달콤함을 증명하는
신의 바느질 자국이지요.

평생 아껴 읽으려던 사람은 떠났지만
밤마다 쓰다듬을 이름이 남았네요.
당신의 반쪽은 멀어지며 반짝거림이 되었죠.

그때 당신이 불렀던 이름
지금 당신을 아프게 하는 이름
언젠가 살기 위한 변명이 될
한때 전부였던 이름

위로할 말이 없는 건
위로, 위로 올라가
별이 되기 위해서겠지요.

만약 그랬다면 어땠을까

차라리 태어나지 않는 편이 좋았을 거라는 말도
당신을 낳아준 부모님 덕분에 할 수 있지요.

어차피 헤어질 거였다면 만나지 않는 편이
좋았을 거라는 그 사람이 아니었다면
당신은 이곳까지 올 수 없었을 테지요.

그딴 일을 겪을 바에는 차라리 죽는 편이
나았을 거라는 일들이 생기지 않았다면
지금의 당신은 존재하지 않았을 테지요.

당신을 버리고 간 사람이 아니었다면
당신을 망가뜨린 그 일이 없었더라면
당신은 지금의 당신이 아니었을 테지요.

꽃 피지 않는 풀을 뽑고
열매 맺지 못하는 나무를 베어내고

시끄러운 새와 성가신 벌레를 없앤다면
당신의 숲은 사막이 되고 말았겠지요.

이것도 나고 저것도 나라는 말은
이 꽃도 저 꽃도
당신의 정원에 핀 꽃이라는 뜻이죠.

나와 결이 맞는 사람

세상에 당신을 사랑하는 이만 남으면 즐거울까요?
만약 세상 모두가 당신을 좋아한다면 어떨까요?
지루하거나 소름끼치는 세상이 아닐까요?
이야기에는 다양한 인물들이 필요해요.
인물들의 수만큼 이야기는 흥미진진해지죠.

내 맘 같은 사람은 없어요.
자신을 길러준 부모와도 멀어지고
평생을 약속한 사람과 헤어지지요.
내 아이인데도 이해하기 힘들어져요.
나와 딱 맞는 사람은 존재하지 않아요.
자신과도 친해지기 어려운 것이 사람인걸요.

내 맘 같지 않으면 어때서요.
어울림은 다름에서 비롯하지요.
다름을 새로움으로 받아들여 보세요.
나 아닌 모든 이들이 선물이 된답니다.

밤과 아침이 만나는 새벽이
낮과 밤이 어우러진 노을이
얼마나 찬란한지 생각해 보세요.
한 가지 색뿐인 무지개가
과연 아름다울까요.

우리가 이토록 다른 이유는
저마다의 색으로 빛나기 위해서죠.
서로의 빛으로 물들기 위해서죠.

서로에게 빛을 건네며 우리는 나아가죠.
빛을 소유할 수 있는 사람은 없어요.
우리는 빛을 향해 나아갈 뿐이죠.

제2장 . 사람에 아픈 너에게

내버려 두면 자라는 마음

강아지풀은 아스팔트를 뚫고 자라고
민들레는 밟힐수록 환한 꽃을 피우죠.
나무는 흙 한 줌 없는 폐선에 뿌리 내리며
여린 꽃도 폭풍우 치는 밤을 버텨내죠.
이토록 경이로운 생존력을 가진 식물이
왜 사람 손만 타면 쉽게 죽어버릴까요.

생명을 가두려 했기 때문이에요.
인위적인 힘이 가해졌기 때문이에요.
예쁘게 키우려 하고 꽃을 피우려 했기 때문이죠.

자존감도 마찬가지죠.
햇볕을 쬐고 바깥 공기를 마시고 빗소리를 들으세요.
바람에 몸을 맡기듯 내버려 두면 푸른 기운이 스며들죠.

자존은 내 몸을 사랑하는 습관에서 시작돼요.
몸은 거짓말을 하지 않아요.

신선한 음식을 먹이고 땀 흘리며 움직이게 만들고
햇볕을 쬐어주면 자존감은 절로 자라죠.
자신에게 내어준 시간이 영혼을 자라게 해요.
'지금 뛰고 있는' 사람이 옷의 브랜드를 의식할까요.
자신의 몸이 내는 소리에 귀를 기울이면
타인의 말 따위 들리지도 않을 테지요.

사소한 기쁨을 즐기는 법을 배우세요.
내 것이 아닌 것이 주는 기쁨을 느껴보세요.
길 가에 핀 꽃 앞에서 멈춰서고,
매일 다른 모양의 구름을 바라보고,
코끝을 스쳐가는 바람을 느껴보세요.
매화나무가 어디 있는지, 찔레꽃은 언제 피며,
달맞이꽃은 어느 골목에 피는지 안다면
온 동네가 당신의 정원이 아닌가요.

지금 이곳을 소중히 여기세요.
다시 오지 않을 오늘에 집중하면
미래는 더 이상 두려움의 대상이 아니죠.
오늘 그리고 오늘이 있을 뿐이니까요.

어제와 내일을 짊어지지 않아야 가벼워져요.

감사의 눈으로 바라볼 때 열리는 세계가 있어요.

행복해지기란 간단해요.

자신감은 타인과 비교하는 몸부림에 불과하지만

자존감은 자신을 드는 마음이죠.

나를 들여다보고 내 마음을 따라 걷는 일이죠.

마음을 따라 걸으면 자존감은 저절로 채워져요.

지금의 나를 있는 그대로 인정해주세요.

몸이 있는 곳에 마음이 깃들면

자존감은 저절로 솟아난답니다.

자존은 이곳에 있는 나를 느끼는 일이죠.

저 너머를 바라보거나 타인을 생각하지 않고

지금에 집중하는 일이랍니다.

멍하니 앉아 햇살을 바라보세요.

따끈한 차를 끓여 향기를 음미해 보세요.

당신 안에 차오르는 기운을 느껴보세요.

새로운 문을 여는 힘

마음이 마음대로 되지 않는다면 몸을 움직이세요.
집안일도 좋고 미뤄둔 작업도 괜찮지만
이왕이면 목적이 없는 일이 좋겠네요.
산책을 하거나 가벼운 체조부터 시작해 보세요.

산에 오르고 자전거를 타보세요.
요가를 하거나 수영을 배우세요.
몸을 움직이는 거라면 뭐든지 좋아요.
다만 체중이나 기록에 연연하지 마세요.
움직임 자체를 목적으로 삼으세요.

그래야만 오롯이 당신을 위한 시간이 돼요.
목적 없는 몸짓에 익숙해져야 해요.
몸은 거짓말을 하지 않는다고 하죠.
뒤집어 말하면 진실한 순간이
당신의 몸에 깃든다는 뜻이죠.

진실한 순간이 쌓인 영혼은 단단해져요.
당신은 자신을 믿을 수 있게 돼요.
당신이 흘린 땀은 사라지지만
당신으로 존재했던 순간은 남아 있죠.

운동이 일상의 해방구가 될 무렵이면
두려움 때문에 열지 못할 문은 없을 거예요.
마음이 원하는 대로 나아갈 힘이
이미 당신에게 있으니까요.

인생의 서사는 당신의 몸으로 쓰여요.
멋진 이야기를 쓰려면 튼튼한 펜이 필요하죠.

비 온 뒤 강물처럼

비 온다고 숲이 초록을 잃던가요.
바람 불어도 강물은 바다로 향하죠.
어둠이 짙을수록 반짝이는 별처럼
아픔 속에서 영혼은 단단해지죠.

마음 둘 곳 없는 서러움과
빠져나갈 길 없는 우울 속에서도
영혼은 스스로를 치유하고 있지요.
당신은 삶을 두드리는 아픔을 노래로 만들고
일상의 얼룩을 근사한 그림으로 그려내는 사람

낯선 이야기에 귀를 기울이면 기쁨이
계절에 귀를 기울이면 평화가 깃들죠.
나로 돌아가는 길은 당신 앞에 있어요.
저 편의 별은 계속 빛나도록 내버려 두고
저 너머로 나아가세요.
비 온 뒤 강물처럼.

사람의 마음을 얻고 싶다면

나를 드러내고 싶은 마음을 억누르고
그에게 귀를 기울여 주세요.
이야기를 담을 정원이 되어 주세요.

이름을 다정히 불러 주세요.
상대가 하는 일을 인정해 주세요.
그가 느끼는 감정에 공감해 주세요.

사소한 것들을 칭찬해 주세요.
그가 얼마나 빛나는 사람인지
다정한 목소리로 이야기해 주세요.

부디 상대에게 사랑을 갈구하지 마세요.
그에게 마음을 내어줄 수 있음을
그날의 기쁨으로 삼아 보세요.

사람을 한 권의 책처럼 여기세요.

그의 이야기에 귀를 기울이세요.
설득하거나 소유하려 하는 대신.
그 순간을 오롯이 누리세요.

당신이 모두를 그렇게 대한다면
당신의 삶은 아름다운 이야기로
가득한 서재가 될 거예요.

당신에게 해가 되는 사람은

무례한 사람들의 대부분은 무해해요.
불만 가득한 말을 스쳐 보내고
상처 입히려는 말을 흘려보내고
실컷 잘난 척 떠들도록 내버려 두세요.
그들이 할 수 있는 것은 말뿐이랍니다.

당신에게 해를 끼칠 수 있는 사람도
당신에게 해를 비출 수 있는 사람도
오직 당신뿐이랍니다.

지혜로운 이를 시험하는 바람은
바깥에서 불어오지 않는답니다.
관계에 흔들리지 않으려면
먼저 나와 친해져야 한답니다.
나와의 관계를 소중히 여기고
자신을 돌보는 습관을 기르세요.
당신 자신에게 집중하세요.

성긴 그물로 고래를 잡는다

고래는 성긴 그물로 잡는 법이죠.
지나치게 촘촘한 그물을 짜면
쉽게 지쳐버린답니다.
빠져나갈 틈을 남겨두어야 해요.

나와 맞지 않는 사람이 지나가도록
나와 상관없는 일이 흘러가도록
그냥 내버려 두세요.

정원은 무딘 삽으로 가꾸죠.
지나치게 날카로운 칼을 쓰면
상처 입기 십상이랍니다.
이런 사람도 저런 사람도 있는 거죠
이런 일도 저런 일도 있는 법이죠.

당신의 꿈에 집중하세요.

소중한 것에 물을 주세요.

당신의 이야기를 계속하세요.

시절인연

시절인연이라고들 하지요.
모든 일에는 시기가 있다고 하죠.
운명처럼 만나는 순간이 있었다면
헤어져야 하는 때가 있는 법이죠.

부모님은 세상을 떠나고
자식들은 품에서 벗어나지요.
한때 전부였던 인연과 헤어지고
가장 가까웠던 친구와 서먹해져요.

모든 것에는 수명이 있고
관계 역시 예외가 될 수 없지요.
순리를 받아들이지 못하면
마음의 병이 되고 말지요.

벚꽃이 지지 않는다면
수국은 피지 못하겠지요.

낙엽이 떨어지지 않았다면
새로운 잎이 돋지 못하겠지요.

끝이 올 것을 알기에
우리는 생을 불태울 수 있지요.
언젠가 멀어질 것을 알기에
아낌없이 내어줄 수 있지요.

저 편에 두고 온 이름들로
당신의 이야기는 이어져 있어요.
사라진 것은 아무것도 없어요.
사라질 것도 존재하지 않아요.
눈물을 내어주는 한 여전히 살아있어요.
이름을 불러주는 한 이곳에 있는 거예요.

시절인연은 저 너머의
이름만을 말하는 것은 아니랍니다.
지금 이곳의 사람들도 마찬가지죠.
지금의 계절을 함께하는
인연들을 소중히 대해주세요.

그들의 이름을 따뜻하게 불러주세요.

아끼지 말고 내어주세요.
지금의 계절을 사랑하세요.
당신이 가질 수 있는 것은
함께 나눈 추억뿐이랍니다.
사는 내내 당신을 비춰줄
기억을 차곡차곡 쌓아가세요.

그들의 가슴에 온기를 채우고
그들의 손에 등불을 들려 보내세요.
그러면 당신은 그곳에 있을 거예요.
그들의 가슴 안에 당신은 살아있는 거죠.

그들의 숨결을 담고
그들의 얼굴을 새겨두세요.
그러면 그들은 이곳에 있는 거예요.
당신의 가슴 안에
사랑한 이름들이
살아가는 세상이 있어요.

사랑에 실패는 없기에

당신의 사랑이 실패했다고
말하는 사람도 있겠지만
그런 일은 일어나지 않았어요.
잘못된 길로 간 마음은 없어요.

이곳에서 길이 끝났을 뿐이지요.
서로의 마음을 들고 돌아선
갈림길에 서 있을 뿐인걸요.

어제 잃어버린 이름이
당신을 이곳으로 이끌었듯이
오늘 잃어버린 것들이
언젠가 삶을 일으킬 테죠.

모두를 꽃처럼 본다면

나의 기준으로 타인을 판단하는 대신
저마다의 빛을 가진 별이라 여기세요.
밤하늘처럼 평온한 삶을 살게 될 거예요.

말로 타인을 바꾸려 하는 대신
저마다의 계절에 피어난 꽃으로 대하세요.
당신의 정원은 언제나 봄일 거예요.

모든 사람을 이해하려 하는 대신
당신의 이야기에 등장하는 인물로 생각하세요.
악당마저 서사를 위한 장치가 될 거예요.

옳음을 가르치는 대신 좋은 것을 나누어 주세요.
잘 되라는 조언 대신 잘하고 있다고 응원해 주세요.
성급히 다가가는 대신 쉬어갈 의자가 되어주세요.
마음을 얻으려 애쓰는 대신 내어줄 수 있음에 기뻐하세요.

모두를 꽃과 별, 왕처럼 대한다면

당신의 세계는 놀라움으로 가득할 테죠.

나를 위해 선을 긋다

타인을 어떻게 대할지는 중요하지 않아요.
나를 어떻게 대해줄지 결정하는 것이
건강한 관계의 시작이랍니다.
몸을 돌보고 마음의 소리에 귀를 기울이고
자신을 기쁘게 만드는 일을 하세요.
홀로 서는 것이 먼저랍니다.
함께 걷는 일은 그 다음이에요.
혼자임을 두려워하지 않으면
함께 할 때 어려운 사람이 없답니다.
스스로를 바로잡은 다음에
누군가에게 손을 내밀기로 해요.

당신을 아끼는 사람이라면
즐겁고 건강하게 살기를 바랄 테지요.
그렇지 않은 사람이라면 함께 갈 이유가 없죠.
이토록 아름다운 세상에 취할 시간도 부족한 걸요.
당신을 지치게 하는 사람을 멀리 하세요.

피하고 싶으면 피해도 돼요.

모든 관계를 잘라내도 아무 일도 일어나지 않아요.

당신 곁을 지키는 사람은 분명 남아 있어요.

거미줄 같은 관계를 쓸어버리고 내 사람에게 집중하세요.

나를 기쁘게 만드는 이에게 집중하는 동안

나를 힘들게 하는 사람과는 자연스럽게 멀어져요.

나는 나고 너는 너라고

차갑게 선을 긋는 것이 아니랍니다.

나라는 존재가 있어야 사랑을 할 수 있지요.

나라는 사람을 원해야 사랑이 될 수 있지요.

사람에게 휘둘리는 건 기준선이 없기 때문이지요.

나와 타인 사이에 선을 긋기 전에

나만의 시간에 밑줄을 먼저 그어야 해요.

당신이 원하는 것을 말하고 당신이 바라는 일을 하세요.

그것이 세상으로부터 당신을 지키는 방법임을 기억하세요.

나를 우선순위에 두세요.

나를 돌보는 일을 먼저 하세요.

세상이 친절하지 않은 날일수록 다정하게 대해주세요.

물에 빠져 허우적거리면서 다른 이를 구할 수는 없어요.

내가 건강해야 타인을 돌볼 수 있어요.

나에게 없는 것을 줄 수는 없으니까요.

내 안에 기쁨이 가득하다면 자연스럽게

주변 사람들에게 스며들기 마련이랍니다.

매일 나에게 따뜻한 차 한 잔 끓여주는 일이나

잠깐의 산책 같은 사소한 것부터 시작하면 돼요.

무슨 일이 있어도 양보할 수 없는 마지노선을 긋고

거기서부터 시작하세요.

나를 위해 선 하나를 긋는 일이

새로운 세상의 밑그림이 될 테니까요.

나를 지키는 마지노선

유쾌하지 않은 이를
저녁 식사에 초대하지 마세요.
일로 만난 사이는 점심까지만.
저녁은 소중한 이들과 함께 하세요.

사랑하지 않는 이를
침대로 끌고 와서는 안돼요.
바깥에서 어떤 일이 있었건
잠자리에서만은 생각하지 마세요.

지혜롭지 않은 이를
당신의 서재에 들이지 마세요.
불만만 늘어놓는 사람이나
아픈 곳을 건드리는 사람 중에
당신 삶에 도움이 되는 이는 없어요.

사이라는 말은 적당한 거리를 전제해요.

사이좋게 지내려면 적당한 틈이 있어야 하죠.

너와 내가 조심스레 선을 맞대어 볼 때

비로소 아름다운 "우리"를 그릴 수 있어요.

관계에도 숨 쉴 틈이 필요하기에

문제를 푸는 것만이 방법은 아니랍니다.

문제를 던져버리는 것만이 해답인 경우도 있어요.

이해하려고 시도하되 어렵다면 포기해도 괜찮아요.

모든 "사이"는 양쪽이 노력하지 않으면

결코 우리라는 관계가 될 수 없어요.

일방적인 희생을 요구하는 관계는

양쪽 모두의 삶을 망쳐버려요.

마음을 물건으로 가득한 창고로 만들지 마세요.

관계를 정리해야 숨 쉴 틈이 생겨요.

물건을 정리하듯 지나간 인연을 놓아주세요.

모든 것에는 수명이 있고 관계 역시 마찬가지죠.

서로에게 기쁨이었던 사람이

행복을 빌어줄 이름이 되었을 뿐이죠.

꽃처럼 피어난 한때가 있었다는 말이죠.

추억을 소중히 간직하고 나아가야만 해요.

관계를 소유하는 일에 집착하는 대신

지금의 우리가 나누는 감정에 집중해야 해요.

참는다고 해결되는 문제는 없어요.
오히려 병을 키워 좋은 기억까지 오염시키죠.
당신을 숨 막히게 만드는 관계를 잘라내세요.
썩은 부위를 도려내야 생명을 구하고
웃자란 가지를 잘라야 열매를 얻지요.

관계 정리에 죄책감을 갖지 마세요.
누구에게도 해가 되는 일이 아니니까요.
살기 위한 발버둥을 비난할 사람은 없어요.
당신의 선택을 존중하지 않는 사람이라면
더 이상 그에게 시간을 낭비하지 마세요.
결국에는 모두를 살리는 일이에요.
사람을 죽이는 것은 건강하지 않은 관계죠.
관계 정리는 서로를 해치는 원인을 치료하는 일이에요.

두려워할 필요 없어요. 걱정하지 마세요.
마음을 죽이는 모든 관계에서 벗어나세요.

물건을 욕심내면 집이 어지러워지듯
관계에 집착하면 마음이 시끄러워지죠.

삶이 불행해지는 대부분의 원인은
사랑하지 않는 것까지
껴안으려는 욕심 때문이죠.

틈을 주어야 피어나더군요.
꽃도 사람도

내 곁에 좋은 사람만 남기기 위해

소중한 사람은 머릿속을 어지럽히지 않아요.
그들은 당신의 가슴 속에 살고 있으니까요.
관계 때문에 머리가 복잡할 때는
가슴 속 이름들을 위해 행동하세요.
그보다 확실한 처방전은 없으니까요.

모두에게 좋은 사람이 될 수는 없지만
내 곁에 좋은 사람만 남기는 것은 가능하죠.
소중한 사람들에게 따뜻한 말을 건네세요.
손을 잡고 고맙다고 사랑한다고 고백하세요.
아낌없이 내어주는 사람이 되세요.
남김없이 내어준 마음을 기쁨으로 삼으면
당신 곁에 좋은 인연이 모여들 거예요.
나를 함부로 대하는 사람들에 대해 고민할 시간에
나를 사랑해주는 이들을 기쁘게 만들 일을 계획하세요.

정성껏 음식을 차리는 것까지가 당신 몫이죠.

어떻게 먹을지는 상대에게 맡기고

요리하는 순간을 즐기세요.

손해라고 생각할 필요는 없답니다.

좋은 사람에게 좋은 것을 주며

지금을 누린 것은 당신이니까요.

미소 지으며 오늘을 기억할 사람도 당신이니까요.

어차피 관계는 소유할 수 없어요.

신발을 가지려 하는 대신 그와 걷는 동안의 풍경을 누리세요.

마음은 우물과 같아요. 사랑 받기 위해 기다리느라

마음을 텅 빈 채로 내버려 두지 마세요.

기꺼이 내어주어도 다음날이면 맑은 물이 차오를 테니까요.

하나의 초로 많은 초에 불을 옮겨도

처음 초의 불꽃은 약해지지 않아요.

어차피 시간은 흐르고 우리는 같은 곳으로 가고 있죠.

이왕이면 환하고 따스한 불빛 속을 걸어야죠.

아낌없이 나눠준 빛은 온기가 되어

당신의 삶을 둘러싸게 될 거예요.

싸움의 방향을 바꾼다

"사랑하기 때문에 싸운다."는 말을
"사랑하려고 싸운다."로 바꿔 보세요.
서로 다른 사람이 어떻게 늘 살갑게 지낼까요.

서로의 마음을 알려고 싸우는 거죠.
자신의 기분을 알아달라고 싸우는 거죠.
상처 주는 말과 거친 행동을 피한다면
싸움은 관계를 건강하게 만들어주죠.

부딪침이 없이는 어떤 노래도 만들 수 없죠.
우리가 피해야 할 것은 다툼이 아니라
서로에게 진실하지 못한 상태랍니다.
관계에서 옳고 그름은 없어요.
나의 옳음이 있다면 그의 옳음도 있죠.
나를 강요하거나 그에게 흡수되는 대신
서로에게 적당한 거리를 찾아내야
"좋은 우리"가 될 수 있죠.

제2장 . 사람에 아픈 너에게

아무 말도 하지 않으면 어떻게 내 마음을 알까요.
우리가 고민해야 할 것은 진심을 드러내는 방법이죠.
솔직한 감정을 표현하는 것은 부끄러운 일이 아니에요.
본심을 감추기 위해 돌려 말하는 것보다 용기 있는 일이죠.
충분히 생각한 다음 진심으로 말했다면 그걸로 충분해요.
나머지는 상대의 몫으로 인정해 주세요.

무작정 참는 것은 누구에게도 도움이 되지 않아요.
희생은 보상을 바라게 만들고
보답 받지 못하면 마음이 상하죠.
희생하는 대신 희망하세요. 상대를 믿고 진심을 전해보세요.
다리가 금이 가고 흔들린다면 내버려 두면 안 되겠죠.
솔직하게 말하는 것은 상대에게 믿음을 보여주는 일이고
관계를 위한 노력의 일환이랍니다.
대화를 통해 풀어가거나 함께 노력해 맞춰 가거나
아니면 거기까지인 거죠.

나와 같은 사람은 존재하지 않아요.
"너와 나는 다를 수밖에 없다."는 대전제 하에
어떤 "우리"로 지낼지 고민하는 거죠.

제2장 . 사람에 아픈 너에게

마음은 눈물로 씻는다

누군가가 남긴 빈 공간을
슬픔이라 부르더군요.
폐허를 눈물로 씻어내면
반짝이는 추억이 되더군요.

슬픔에 저항하는 것은
밀려드는 파도를
두 손으로 막으려는
일과 다르지 않아요.
흘러가도록 내버려 두세요.

하나의 사랑은 세 번의 삶을
우리에게 선물하죠.
그를 만나기 위해 살아온 삶과
우리로 존재하는 삶.
그를 사랑한 기억을 간직한 채
또다시 시작되는 삶을요.

그것 또한 기쁨이었다

당신의 슬픔에 물을 주세요.
내일의 정원에 꽃이 피도록.
절망에 햇볕을 비춰 주세요.
마음의 얼룩이 잘 마르도록.
고독에 시간을 내어주세요.
소란한 울림이 잦아들도록.

내면의 소리에 귀 기울이세요.
마음에 떠오른 감정들에는
저마다의 이유가 있답니다.
살아있기에 아파하는 거죠.
나아가려고 흔들리는 거죠.

이것 또한 지나갈 테죠.
세월이 흐른 후에는
그것 또한 기쁨이었다고
말할 날이 올 테죠.

뜻밖의 비처럼 내려
슬픔을 씻어주는 것
하염없이 나아가
영혼의 바다를
깊어지게 만드는 것
당신이 흘리는 눈물은

홀로 설 용기, 함께 할 지혜

어디에 있건 무엇을 하건
고독에서 벗어날 수 없어요.
우리는 누구와 함께 외로움을 맞을지
선택할 수 있을 뿐이죠.

어떤 이들은 고독이 두려워서
괴로움을 껴안고 살더군요.
고독이 진정한 자신과
마주할 기회임을 외면하더군요.

우리가 고독이라 부르는 것은
영혼의 문을 여는 열쇠랍니다.
문을 열고 들어가세요.
내 안에서 일어나는 감정들을
가만히 지켜보세요.

홀로 서는 법을 배운 다음
새로운 세상으로 나오세요.

홀로 설 수 있어야만
건강한 관계를 지탱할 수 있답니다.
홀로 있어도 반짝이는 존재는
등대처럼 사람을 끌어당겨요.

밤하늘의 별들은 적당한 거리를 알기에 반짝이고 있답니다.
홀로서기를 배우는 것은 함께 걷기 위해서죠.

사랑할 수 있는 슬픔은 - Ⅱ

어떤 종류의 슬픔은 영혼에 뿌리 내린
사랑니 같아서 결코 뽑아낼 수 없습니다.
하지만 세월이라는 약에는
"감당할 수 없는 슬픔"을
"사랑할 수 있는 슬픔"으로
전환하는 힘이 깃들어 있습니다.

기쁨이 가벼이 흩어지는 구름이라면
슬픔은 아래로 흐르는 강물입니다.
기쁨은 지금 누리지 않으면 사라지지만
슬픔은 지금을 영원히 간직하게 만듭니다.
기쁨이 꽃이라면 슬픔은 뿌리랍니다.

잦아들지만 사라지지 않은 슬픔은
삶을 일렁이게 하는 물결이 됩니다.
그렇다고 슬픔을 붙잡으라는 뜻은 아닙니다.
이곳의 푸름을 누리며 나아가세요.

기쁨이 그러하듯이 슬픔 역시
당신의 삶을 이루는 부분임을 받아들이세요.

그것만으로도 슬픔은 가벼워집니다.
흙탕물처럼 흐린 마음에서
잡념이 빠져나가도록 허락하세요.
반짝이는 기억만 남을 때까지요.
언젠가 다시 어둠을 마주했을 때
당신을 비춰줄 빛이 될 테니까요.

당신이 사랑한 이름들이
삶을 사랑해야 할 문장이 되는 일을
사랑할 수 있는 슬픔이라 부릅니다.
슬픔과 싸우지 마세요.
그가 당신을 흔들도록 내버려 두세요.
저 너머로 당신을 이끄는
물결 위에서 지금을 맛보세요.

슬픔마저 사랑할 수 있는
당신을 무너뜨릴 운명은 없을 겁니다.

여행지에서 마주한 사람

당신과 맞닿아 있는 모두를
여행지에서 마주친 사람처럼 여겨보세요.
애틋하지 않은 만남이 없을 테고
반짝이지 않는 순간이 없을 테니까요.

가족이라도 예외로 두지 마세요.
부모라고 당연히 희생해야 하나요.
자식이라고 내 뜻대로 살아야만 하나요.
삶이란 여행을 선물해 준 걸로 충분하지요.
그들과 여행을 함께 할 수 있음에 감사해야죠.

친구나 연인도 마찬가지죠.
내 사람이라고 마음대로 움직이려 하지 마세요.
이곳에서 저곳까지 함께 가는 길동무라 여기세요.
어느 갈림길에서 멀어질지 모르는 인연인걸요.
맛있게 먹고 즐겁게 마시며 추억을 만드세요.
따뜻한 위로와 감사를 아끼지 마세요.

어떤 인연도 영원하지 않음을 기억하세요.

오늘 내가 건넨 말과 행동이

남은 여행 동안 지닐 선물이라 생각하세요.

모두를 여행에서 마주한 사람처럼 대하면

소중하지 않은 인연이 없답니다.

견디지 못할 관계도 사라진답니다.

당신을 함부로 말하는 그와 멀어질 거예요.

당신에게 상처 주려는 그 사람은

시간이 지나면 생각조차 나지 않을 테지요.

잠시 환승역에서 마주친 타인일 뿐

당신과 함께 걸어갈 동반자가 아니니까요.

당신과 맞닿아 있는 모두를

여행에서 마주친 사람처럼 대하면

인연은 봄날의 꽃처럼 피어나

강물처럼 흘러갈 테죠.

영화보다 아름다운

이대로 멈추길 바라는 순간들이 있지만
그날만 끊임없이 반복되는 삶이라면
제아무리 황홀해도 견디지 못하겠죠.

돌이키고 싶은 순간들이 있지만
그때로 돌아가 바꿔 버린다면
돌아가고 싶어 하는 지금의 나는 없겠죠.

지워버리고 싶은 순간들이 있지만
그 순간이 존재하지 않았다면
일상이 얼마나 소중한지 배우지 못했겠죠.

그냥 건너뛰고 싶은 순간들이 있지만
그것이 가능한 일이라면
삶의 대부분을 잃어버리고 말겠죠.

되감기도 빨리 감기도

일시 정지나 삭제도 불가능하기에

삶은 세상에 하나뿐인 이야기가 되지요.

어떤 장면들을 만들어 갈지는

오직 당신의 선택에 달려 있어요.

멈추지 않기 때문에

돌이킬 수 없기 때문에

지워버릴 수 없기에

그냥 건너뛸 수 없기에

생은 이토록 아름다운 거겠죠.

그 모든 순간을 품어냈기에

당신은 세상 어떤 보석보다 빛나죠.

관계의 모든 기호

물음표를 붙여 보세요.
명령하듯 말하는 대신 청유형으로 권하고
단정하듯 말하는 대신 의문형으로
상대의 마음을 끌어당기세요.

느낌표를 붙여 보세요.
따뜻한 말 한마디를 선물로 여기고
사소한 배려에도 감사를 아끼지 마세요.
모두가 놀라운 존재임을 기억하세요.

그럼에도 당신을 함부로 대한다면
과감히 마침표를 찍으세요.
세상은 좋은 사람으로 가득해요.
당신은 근사한 대접을 받을 자격이 있어요.

상대를 궁금해하고
모두를 놀라움으로 바라보세요.
관계를 결정할 힘이 당신에게 있음을 의심하지 마세요.

제2장 . 사람에 아픈 너에게

슬픔이 가져오는 것들

몸은 비누로 씻고
마음은 눈물로 닦는다고 하죠.
영혼은 공허 속에서 숨을 고르고
상처는 어둠 안에서 치유되지요.
당신이 느끼는 모든 감정이 옳아요.

생명은 어머니의 고통 속에서 태어나고
영혼은 절망 속에서 새롭게 피어나지요.

노을 지고 사람들 돌아간 자리
어둑해진 그곳에 별이 뜰 거예요.
슬픔이 지나간 자리 떠나지 못한
당신 안에 시들지 않을 꽃이 피어날 거예요.

사랑에 실패한 사람은 없다.

그런 말 하지 말아요.
사랑은 물건이 아니고
사람은 버려지는 존재가 아닌 걸요.
그는 사랑할 준비가 되지 않은 거고
당신은 준비가 되지 않은 사람을
사랑할 여유가 없었을 뿐이죠.

그리운 이름은 서러운 마음에 살아요.
눈물에 깃들어 삶을 반짝이게 하지요.

사랑에 집중하되 사람에 집착하지는 말아요.
우리가 생을 설명하지 못하는 것은
살아서 움직이고 있기 때문이에요.
우리가 사랑을 이해하지 못하는 것은
마음이 살아 움직이고 있기 때문이에요.

사랑에 대해 잘 '아는' 사람은 없어요.
사랑은 그저 '하는' 거니까요.

이유라면 얼마든지 댈 수 있지만
어떤 이유로도 충족되지 않는 것
사랑은 이유를 필요로 하기보다
모든 것의 이유가 되어주는 것이기에.

비교는 불행으로 가는 다리

비교를 멈추지 않는다면
세상에서 가장 부유한 사람이 되어도
젊음을 부러워할 테고
세상에서 가장 강한 사람이 되어도
아름다움을 부러워할 테지요.

세상에서 가장 아름다운 사람이 되어도
거울 속 내 모습에 만족하지 못할 테고
세상에서 가장 뛰어난 재능을 가졌어도
자신을 담지 못하는 사회를 원망할 테지요.

비교는 불행으로 가는 다리죠.
제대로 비교하려면 70억 인류로도 부족하지만
삶을 누리기 위해서는 눈앞의 꽃 한 송이면 충분해요.

나의 세상을 사랑한다면
내가 가진 것으로 충분할 테지요.

나이 듦을 서러워하는 대신
이토록 눈부신 세상을 볼 수 있음에 감탄하고
마음을 다한 것으로 만족할 수 있을 거예요.

도저히 비교를 멈추지 못하겠다면
차라리 어제의 나에 비춰 보세요.
예전의 나보다 나은 사람이 되세요.
그때의 나보다 기쁜 오늘을 사세요.

우리가 누군가에게 마음을 쓰고
무언가에 시간을 내어주는 것은
자신의 생명을 바치는 일이랍니다.
사랑하지 않는 이에게 주기에
인생은 너무나 짧아요.
당신의 삶을 나눠 주지 마세요.

타인을 바라보느라
삶을 낭비하지 말아요.
엉뚱한 줄을 당기느라
삶이 무너지도록 내버려 두지 마세요.

오늘을
살아갈 너에게

그날이 오늘이기를

오늘은 가장 어린 날
오늘은 제일 나다운 날
오늘은 당신이 가진 모든 날

참 아름다운 일
당신이라는 한 사람
참 아름다운 봄
당신이 받은 모든 날

그러던 어느 날이
바로 오늘이기를
어느 멋진 날이
오늘이 되기를

눈꺼풀의 무게

매일 아침 눈 뜨기가
그토록 어려운 이유는
눈꺼풀에 하나의 세상이
매달려 있는 까닭이랍니다.
잠자리에서 일어날 때마다
새로운 세계가 깨어나죠.

하루가 저물 때마다
한 시대가 막을 내리죠.
붉게 물든 하늘도
밤하늘을 수놓은 별들도
오늘을 살아낸 당신을 위한 노래.

당신에게 다가오는 매 순간이
한 번도 존재한 적 없는 세상이에요.

내일을 확신하지 않아야만
매일을 영원처럼 살게 되죠.
난생처음 마주한 오늘을
언제나 마지막 날처럼 살아요.

바깥으로 나가 생을 들여다보라

언젠가 뛰고 싶어도 뛸 수 없게 될 테지요.
걷고 싶어도 걸을 수 없는 날이 올 테지요.
먹고 싶지만 씹지 못하고 삼킬 수 없을 테죠.

물론 늙음은 서글프지만
늙어보지도 못한 채 삶이 끝날 수도 있어요.
언제 어디서 사고가 날지 모르고
어쩌면 시한부 선고를 받을 수도 있어요.
모두에게 일어나는 일이죠.
나만 피해갈 수 없는 운명이죠.

그러니 뛸 수 있을 때 뛰어야 하죠.
걸을 수 있을 때 걸어두어야 해요.
내 앞의 끼니를 마지막처럼 대해야죠.
난생처음 맛보듯 꼭꼭 씹어 삼켜야죠.

꽃을 보면 멈추고
바람에 몸을 맡겨야 해요.
물 한 모금에 입을 맞추고
발걸음마다 대지를 느껴야 해요.

언제 끝이 찾아올지 모르기에
온 힘을 다해 삶을 껴안아야 하죠.
그러니 바깥으로 나가 생을 들여다보세요.

끝을 받아들여야 온전해져요.
비로소 삶과 하나가 되죠.
당신이 먹는 모든 것이 생명이 되죠.
당신이 걷는 매 순간이 기적이 되죠.
마주한 모든 풍경이 새로워지죠.

바깥으로 나가 생을 들여다보는 건
삶의 한가운데에 서있기 위해서죠.
생이 축복임을 깨닫기 위해서죠.

내일이란 아득한 미래에

당신이 어디에 있을지 몰라도

오늘이 다시 꾸지 못할 꿈임을 잊지 않는다면

어제는 당신을 비추는 별빛이 되고

오늘은 당신에게 건네진 꽃다발이겠죠.

내일은 어디로 가도 길인 바다가 될 테죠.

우리는 별의 조각이기에

살아야 할 이유를 찾기 위해

몇 년을 흘려보낸 적이 있어요.

잃어버린 것들의 목소리만 들리던 때가 있었어요.

이유를 찾지 못했지만 여기까지 왔네요.

살아있음은 살아있음으로 충분한 거였어요.

삶은 설명이나 증거를 요구하지 않아요.

보잘 것 없는 존재로 느껴질 때면

밤하늘에 떠있는 별들을 바라보세요.

기적이라는 말로도 부족할 우연들이 겹쳐

이곳에 왔음을 기억하세요.

당신 역시 별을 이루는 조각인걸요.

우주를 여행할 기회를 얻은 행운의 주인공이죠.

별 볼일 없는 일상이라 느낄 때에도

별들 사이를 항해하고 있었어요.

제3장 . 오늘을 살아갈 너에게

잠깐 흔들렸을 뿐 무너진 건 아니니까요.

잠시 삐끗했을 뿐 쓰러진 건 아니니까요.

무너지고 쓰러져도 끝이 아니니까요.

새로운 시작을 위한 멈춤일 뿐이니까요.

어둠 속에서 별을 찾듯이

아픔을 겪은 이에게만 보이는 희망이 있어요.

끝을 각오한 사람에게만 열리는 무대가 있어요.

세상을 원망하기에는 부끄러운 나이가 되었지만

희망을 놓아버릴 만큼 늙지는 않았죠.

추억할 장소가 늘었을 뿐

길을 상상하는 힘은 잃지 않았어요.

안 되면 어때서요. 흔들리면 어때서요.

꽃은 떨면서 피고 파도는 주저앉으며 나아가는 걸요.

오늘에 걸어둔 말 한마디

나란히 놓인 그림 두 점을 본 적이 있어요.
하나는 아래쪽이 다른 하나는 위쪽이
반짝이는 점으로 채워져 있었어요.
도시와 시골의 빛을 표현한 작품이었어요.

어떤 화가의 작품인지 기억나지 않지만 제 머릿속에
'사람이 사는 곳은 모두 빛나고 있다.'고 기억되었죠.
살면서 마주하는 시련도, 뜻하지 않았던 사건들도,
지나고 나면 그림처럼 기억되겠지요.
시간이 흐를수록 세세한 기억들은 흐려지지만
세월에 우려낸 만큼 농축된 추억을 갖게 되겠지요.

짙어진 장면들은 바람소리에도 넘어질 것 같은
그런 날에 삶을 붙들 변명이 되어줄 테지요.
그저 앓기만 한 날일지라도 적어도 버텨내기는 한 거니까요.
고통에 몸부림 친 순간마저 어제와 나를 잇는 순간이었죠.
가지 많은 나무는 천천히 쓰러지는 법이죠.

지금 짊어진 것들이 언젠가 삶을 지탱하는 닻이 될 거예요.

나뭇가지 하늘 향하듯 살아있는 것들은 자라죠.
살아있음을 정의하는 문장은 세상에 존재하지 않아요.
낯선 도시에서 길을 잃는 게 부끄러운 일이 아니듯
처음 살아보는 시간에서 잠시 길을 헤맨다고
잘못된 것도 아니죠.
기대했던 장소는 아닐지라도 당신이
사랑해야 할 모든 것들은 이곳에 있어요.

여기에 있는 것을 이야기하는가
여기에 없는 것을 이야기하는가
지금 가진 것을 사랑하는가
가지지 못한 것을 사랑하는가
행복과 불행을 나누는 경계죠.
좋은 사람이 되지 않아도 괜찮으니
좋은 것을 볼 줄 아는 사람이기를 바라요.
내일을 생각하는 게 어려운 날일수록
오늘의 나를 잘 대해주기로 해요.

지금이라는 꽃

어쩌면 지금이 당신을 위해
선 하나를 그릴 순간이 아닐까요.
언젠가 이룰 계획보다
지금의 계절을 누리는 사람이 되세요.

먼 훗날 무엇을 이루건
지금을 누리는 것보다 소중할까요.
이곳을 사랑하지 않는 사람이
그곳에 간다고 달라질 게 있을까요.

내일을 위한 씨앗이라뇨. 지금이 꽃이지요.
당신이 가진 모든 것이고 당신이 가질 전부지요.

운명이 빼앗지 못하는 것들

경제적 성공, 젊음과 건강,
번뜩이는 영감, 놀라운 기억력, 명예와 권력,
심지어 자유마저도 빼앗을 수 있지만
이미 내어준 사랑을 훼손하지는 못합니다.

명확한 분석력, 동체시력,
강인한 근육을 잃을 수 있고
심지어 희망마저 박탈할 수 있지만
인내를 품은 영혼을 굴복시킬 수 없습니다.

가족과 친구, 사람들의 관심과 응원,
위로와 애정을 가로막을 수 있습니다.
심지어 생명을 훔쳐갈 수도 있지만
삶 자체에 감사하는 인간에게 밀려드는
기쁨을 막을 운명은 없습니다.

매일이 선물, 오늘도 기적

매일 새로웠던 아침 햇살
한 번도 같았던 적 없었던 구름
계절을 싣고 온 바람과 별빛
당신 삶에 들러준 따스한 사람들
그들과 나눠 마신 웃음과
그들을 담가 두기 위해 흘린 눈물
모든 것이 선물이었죠.

나를 잃지 않으려 흔들리던 날들과
무너진 채 흘려보낸 계절까지
모든 순간이 기적이었죠.
꽃 핀 곳마다 당신의 정원이었고
초록 돋은 데마다 당신의 서재였죠.

아무 일도 일어나지 않음을 축복 삼고
어떤 일이 일어나도 감사를 찾아내니
매일이 선물, 오늘도 기적

이 별에서 지낸 날들은
매 순간이 이별이었지만
그렇기에 모든 장면을
처음 본 듯 사랑했다고

마지막 인사를 건넬 때
이 별에서의 나의 여행은
그저 사랑이었다고 말할 수 있기를

벚꽃 나무 아래서

겨우내 나뭇가지를 비워두지 않았다면
어디에 꽃이 필 자리가 있을까요.

벚꽃이 365일 만개한 채로 있다면
금방 질려버리고 말 테죠.
벚꽃의 절정은 흩날림에 있어요.
벚꽃은 온 몸을 던져
삶의 지혜를 가르치는 건 아닐까요.

이렇게 아름다운 지금이라고
다시 오지 않을 순간이라고 외치고 있는 거예요.
벚꽃 진 자리에 슬그머니 고개 내민 푸른 잎들은
절정의 순간이 지나도 희망이 있다고 속삭이네요.

사철 푸른 대나무는 말하죠.
비 온 뒤에 죽순 자라듯 아픔이 영혼을 키운다고.
바위를 붙들고 선 해송은 말하죠.

아무리 어두운 밤이라도 초록은 지지 않는다고.
바람에 흩날리는 민들레 홀씨는 말하죠.
아무리 거친 바람도 생명을 이길 수는 없다고.

벚꽃이 진 후에도 얼마나 많은 꽃들이 피어나나요.
진달래와 복사꽃, 배꽃과 달맞이꽃, 메꽃과 개양귀비
꽃들은 입을 모아 노래하죠.
어떤 날씨라도 꽃 피지 않은 날이 없듯이
어떤 일을 겪어도 기쁨은 곁에 있다고요.

이곳의 당신이 꽃이기에

우리 동네엔 4월 말이면
분홍 낮달맞이꽃이 피어요.
다른 계절에 들른 사람에겐
그저 잡초더미로 보였겠지요.

메꽃이 피어날 해안가도
수선화가 피어날 공원 화단도
분홍 장미가 피어나는 담벼락도
보랏빛 수국이 고개 내밀 시골길도
그저 풀숲일 뿐일 거예요.

지나치는 이에게는 그저 풀밭이지만
씨 뿌린 사람에게는 이미 꽃이고 열매겠지요.
물을 주고 잎을 고르는 손길마다 별이겠지요.

누군가에겐 매일 똑같은 일상이지만
누군가는 오늘도 새로운 여행을 시작하지요.

누군가에게 실패는 상상이 멈추는 자리지만
누군가는 다시 시작할 발판으로 여기지요.

매일 씨앗 뿌리면 꽃 피지 않아도
당신의 정원은 언제나 초록이겠지요.
바람을 기다리지 마세요. 당신이 강물이니까요.
때를 기다리지 마세요. 지금이 당신의 계절이니까요.
지금 이곳의 당신이 꽃이니까요.

이토록 어여쁜 당신께

두부 한 모의 여행을 되짚어볼까요.
농부의 무수한 발걸음이 아니었다면
새벽부터 두부를 만든 손길이 없었다면
운반하고 진열한 수고가 아니었다면
계산대에 직원이 없었더라면
당신이 땀 흘려 번 돈이 없었더라면
무엇보다 뙤약볕을 견뎌낸
콩이 제 몸을 내어주지 않았더라면 어땠을까요.

깨끗한 물 한 모금 마시지 못하는 이들이 있어요.
잠 잘 곳을 찾지 못해 쓰러진 사람이 있어요.
통증이 멈추기만을 바라며 오늘을 버틴 이가 있어요.
오늘을 보기 위해 전 재산을 내놓았을 사람이 있었죠.
공감하지 않으면 감사는 없어요.
감사하는 삶에 기쁨이 깃들어요.

계산대 직원의 여행을 되짚어볼까요.

그는 새벽같이 일어나 밥을 지었을 테죠.

아직 손길이 필요한 아이들을 두고 나왔을 지도요.

거동이 불편한 부모님을 모시고 있을지도 몰라요.

몸살이 났지만 병원에 갈 시간이 없었을지도 몰라요.

그도 분명 누군가의 사랑일 테죠.

그가 자신의 시간을 내어주지 않았다면 어땠을까요.

오늘 마주한 모든 것이 그러했겠죠.

오늘 수도가 고장 나서 씻지 못할 수도 있었어요.

아까 급정거한 자동차에 치였을지도 몰라요.

뉴스에 나온 그 사람이 나였을 수도 있었어요.

어쩌면 오늘이 오지 않았을지도 몰라요.

상상할 수 있다면 미소를 보내야지요.

감사하고 있다면 인사를 건네야지요.

감사의 눈으로 본 매일이 선물이기에

이토록 어여쁜 당신도 매일이 선물이기를

무지개가 지지 않는 세계

이토록 편리하고 풍요로운 세상인데
왜 이렇게 공허한 사람이 많은 건지
무엇을 잃어버린 걸까 오래 생각해왔어요.
우리가 빼앗긴 것은 감각들이더군요.
수만 년 누려온 오감의 자유를
불과 백 년 사이에 잃어버렸죠.

놀이터는 온라인 게임으로 대체되었고
만화책은 컴퓨터 화면 속으로 들어갔죠.
텃밭과 바다는 택배로 배달되어 오고
스마트폰을 꽂아야 세상에 연결될 수 있죠.

월급봉투는 화면 속 숫자로 대체되었고
가족과의 대화는 모바일 속에 존재하죠.
더 이상 하늘을 보거나 흙을 만지지 않죠.
살아있는 것을 키우는 기쁨을 빼앗겼어요.
우리에게 허락된 자유는 단지 보는 것뿐이죠.

오감을 자유롭게 쓰지 못하는 삶은

사지가 묶인 감옥과 다르지 않아요.

삶의 기쁨을 되찾고 싶다면 몸을 움직여보세요.

마트에 가 직접 재료를 골라 요리해 보세요.

길 가에 핀 꽃의 냄새를 맡아보고 나무를 만져 보세요.

빗물의 감촉을 느껴 보고 강물을 따라 걸어보세요.

지속적으로 몸을 움직일 무언가를 시작해 보세요.

가능하다면 살아있는 것들을 길러 보세요.

노래하고 춤추고 연주해보세요.

세상을 당신의 손으로 직접 만져 보세요.

감각이란 나 아닌 것들과의 만남이죠.

매 순간 느끼는 감각들이 살아있음의 증명이에요.

꽃향기를 맡으면 꽃이 되고 구름을 바라보면 구름이 되죠.

바람을 느끼면 바람이 되고 흙을 만지면 땅이 되죠.

감각은 몸으로 하는 공감이에요.

소유가 행복으로 이어지지 않는 까닭이 여기에 있어요.

행복은 얼마나 느낄 수 있는지에 달려 있어요.

감사(感謝)의 감은 느낀다는 말이에요.

자신에게 온 것을 온 몸으로 받아들이는 자세가 감사죠.

낮은 곳으로 몸을 기울이면 기쁨이 밀려들죠.
사소한 것이라도 오롯이 느끼면 충만해지죠.
시원한 물 한 잔이 세포마다 스며들고
두부 한 모에서도 맛의 향연을 느낄 수 있어요.

감사하는 삶은 당신을
무지개가 지지 않는 세상으로 인도할 거예요.

오늘이라는 꽃다발

그냥 주어진 오늘이 선물이죠.
아침마다 열리는 새로운 세계와
밤마다 고개 내미는 별들이 선물이죠.
물 한 번 주지 않아도 핀 꽃들이 기쁨이죠.
부르지 않아도 와주는 계절마다 행복이지요.

저마다의 삶을 꾸려가는 사람들이 기적이죠.
그들이 당신이 사는 세상을 지탱하죠.
그들이 있어 버스를 타고 밥을 먹고 몸을 씻죠.
낯선 풍경과 마주하는 것만이 여행이 아닐 테지요.
감사의 눈으로 일상 속에서 새로운 기쁨을 찾아보세요.
감사에는 삶을 여행으로 만드는 힘이 깃들어 있어요.

그냥 흘려보내지 않은 오늘이 축복이었죠.
내 손으로 밥을 먹을 수 있으니 감사하다고
두 발로 걸을 수 있어서 다행이라고 여기면
매일 아침 누구도 경험해보지 않은 세상이 열리죠.

감사의 눈을 가진 사람에게만 허락되는 문이 있어요.

당장 내일이라도 끝이 올지 모르기에
매일 아침 눈 뜨는 일이 축복이 되죠.
언제 무슨 사건이 생길지 알 수 없으니
집으로 돌아오는 발걸음은 기적이 되죠.
축복과 기적 사이의 모든 순간이 선물이 되죠.

첫 입맞춤처럼 당신에게 열린 오늘을 맞이하세요.
마지막 포옹처럼 당신에게 오는 지금을 안아주세요.

당신을 살게 하는 것은

당신 곁에 있는 사람은
공부를 잘하던 친구인가요.
힘겨운 순간을 함께한 친구인가요.
고난은 반갑지 않은 친구지만
당신을 단련시켜 삶을 지킬 힘을 주지요.

당신을 미소 짓게 하는 순간은
가장 높은 곳에 있었을 때인가요.
서툴고 부족했던 시절인가요.
실수는 즐겁지 않은 일이지만
당신의 이야기를 쓰기 위해
반드시 필요한 장면이에요.

당신을 살게 하는 것은
언젠가 가질 미래인가요.
당신 곁을 지켜주는 사람인가요.
사랑은 모든 것이죠.

지금 껴안아주지 않는다면
언젠가 사라진 후에
영영 슬픔으로 남을 테지요.

지금 당신을 위한 일을 하세요.
이곳의 그에게 마음을 전하세요.
지금의 당신을 웃게 한 일이
먼 훗날의 당신을 살게 할 테니까요.

우리의 몸은 시간의 바깥으로 밀려나지만
영혼은 순간을 이어 이야기를 짓지요.
세상에 없던 이야기를 써내려가고 있죠.
근사한 풍경도 시린 어둠도 이야기가 되지요.
추억은 이야기에서 밑줄 그어진 문장들이죠.

오늘 당신은 어디에 밑줄을 그을 건가요.

제3장 . 오늘을 살아갈 너에게

삐뚤빼뚤 하면 어때서

일상이 지루하게 느껴진다면
멋진 무늬를 새기는 거라고 생각하기로 해요.
일상이 끊임없이 흔들린다면
삶을 여러 빛깔로 물들이는 중이라 여기기로 해요.

삐뚤빼뚤 하면 어때서요.
당신은 삶이라는 그림을 그리는 중인데요.
얼룩진 순간과 달라진 풍경으로
알록달록 물들이고 있는 걸요.
살아있는 존재는 곡선을 그리는 법이니까요.

모든 순간이 꽃이에요.
모든 장면이 별이 될 이야기에요.
빛이 보이지 않는 건
당신이 반짝임의 한가운데에 있기 때문이죠.

여유로운 삶을 살고 싶다면

여유는 시간이 아닌 마음에서 오죠.
바쁜 와중에도 꽃에 눈길 한번 주고
내 곁의 사람에게 손길 한번 더하고
물 한 모금도 음미하려는 마음이죠.

여유란 물질이 아닌 영혼에 깃들죠.
내가 가진 것들에 감사하는 마음.
나를 둘러싼 것들을 아끼는 손길
내 안에 깃든 생명보다 소중한 것은
없음을 되새기는 자세에서 오죠.

여유는 잔뜩 쌓아둔 물건이 아닌
가벼운 발걸음으로 나서는 산책이죠.
여유란 넉넉한 한때가 아니라
바쁜 와중에도 나를 놓지 않는 힘이죠.

매일 기쁨으로 가득 채워 배송되는 오늘

기쁨을 잠시 맛보려는 마음만으로도

삶은 여유를 되찾죠.

언젠가는 오지 않는다

"언젠가"보다 서글픈 말이 있을까요.
오지 않을 날에 대한 바람
지금을 삼켜 버리는 헛된 희망
이곳에 있는 기쁨조차 맛보지 못하면서
언젠가의 행복을 붙잡을 수 있을까요.

지금을 껴안는 힘이
언젠가를 만들어내는 빛이 되죠.
유치하다는 말 뒤에는
찬란하다는 의미가 숨겨져 있어요.
해맑게 뛰어노는 아이들처럼 사랑에 빠진 연인들처럼
당신 앞에 있는 풍경에 몸을 맡기세요.

별 거 아닌 장면들은 멀어질수록 반짝이죠.
무심히 넘긴 오늘도 돌아보면 별처럼 빛나겠죠.
사소한 지금을 모아 만드는 별자리를
삶이라 부르는 거겠지요.

꽃 한 송이를 기쁨 삼으면

땡볕 아래 육체노동을 하는 이는
그늘에서 일하기를 바랄 테죠.
에어컨 아래에서 일하는 이는
편히 드러누워 쉬는 이가 부럽겠죠.
병원에 누워 있는 사람은
뜻대로 몸을 움직이기를 소망할 테죠.
어두운 감옥에 갇힌 이는
햇살 아래 서 보는 것이 소원이겠죠.

육아에 지친 부모는 싱글의 자유로움을
침묵에 익숙한 독신은 가족의 온기를
취업에 목마른 청년은 자리 잡은 중년이
직장에 갇힌 가장은 홀가분한 청춘이 부럽겠죠.

타인을 보느라 삶을 누리지 못하는 건 아닐까요.
지금 당신의 일상도 누군가의 꿈일 테지요.
이곳에서 기쁨을 얻지 못한다면

어디에서도 행복을 찾을 수 없을 거예요.

내내 행복하기는 어렵겠지만
꽃 한 송이 하루의 기쁨으로 삼는
그런 사람은 될 수 있을 테니까요.
꽃 한 송이, 기쁨으로 삼는 사람을
흔들 수 있는 운명은 없을 테니까요.

기적은 손바닥 사이에

언제 어디서 어떤 꽃이 피는지 안다면 그곳도 당신의 집이죠.
매일 아침 새로운 풍경에 감사한다면 그날도 여행이지요.
당신의 정원은 항상 봄일 테고
바람도 당신을 위해 노래할 테죠.
세상이 당신의 슬픔을 위해 멈추지 않을지라도
자신을 위해 멈춰 설 줄 알기에 개의치 않을 테죠.

매일 아침 우리는 새로운 세상을 만나죠.
지금껏 존재한 적 없는 시간을 여행하죠.
우리의 매 순간은 해마다 같은 곳에 피는 꽃과 같아요.
꽃 피지 않는 계절이 없듯이 모든 날은 기적으로 가득하지요.

자신의 손을 맞잡는 건 하늘을 향한 기도, 삶을 향하죠.
둘이 손을 맞잡는 건 서로를 위한 기도, 사람을 향하죠.

기적은 손바닥 사이에 있답니다.
현재가 영원하기를 바라기보다
지금을 향한 당신의 마음이 한결같기를 바랍니다.

지금의 나를 사랑합니다

귀여운 것을 좋아하지만
가여운 것들을 사랑합니다.
새로운 일을 시도하지만
오래된 것들을 사랑합니다.

무탈한 오늘을 소망하지만
아팠던 어제를 사랑합니다.
다가올 날을 기대하지만
살아낸 날들을 사랑합니다.

지금 가진 것에 감사하지만
내 것이 아닌 것을 사랑합니다.
특별한 선물에 기뻐하지만
별 거 아닌 날들을 사랑합니다.

반짝이는 별을 좋아하지만
어둠에 깃든 고요를 사랑합니다.

알록달록 꽃을 좋아하지만
얼룩덜룩 지금의 나를 사랑합니다.

내일은 꽃이 질 테니

서두르다 보면 깜빡하게 되죠.
인사를 나눌 시간도
풍경을 느낄 겨를도 없이
다시 오지 않을 순간을
지나치고 말지요.

너무 빠르면 인사를 잊기 쉽고
너무 많으면 감사를 잃기 쉬워요.

사람들 뒤를 쫓느라
꽃을 따라 걷는 법을 잊지요.

내일을 향해 달리느라
오늘도 별을 보지 못하죠.

향기로운 것을 찾다가
마음 속 열기를 잃어요.

볕이 드는 곳을 찾다가
빛이 되는 법을 잊어요.

부족하면 채우는 기쁨이 있고
모자라면 배우는 즐거움이 있어요.

볕이 들지 않으면 불을 피우는 법을 배우죠.
길이 없으면 지도를 만드는 법을 알게 되지요.

너무 애쓰느라
지금을 지나치지 않기를 바라요.
아무것도 아닌 지금이라뇨.
오래전부터 꿈꾸던 순간인 걸요.
언젠가 그리워할 순간인 걸요.

가뭄에 내린 한줄기 비처럼
겨울바람에 마주잡은 손처럼

폭풍우 치는 밤 가지를 붙든
푸른 잎처럼 지금을 껴안아야죠.

오늘 걷지 않으면

내일은 뛰어야 한다지만

내일이면 꽃이 지겠지요.

낡은 지붕 사이로도

맑은 하늘을 볼 수 있어요.

느린 걸음 따라 초록 새싹 돋아나죠.

가치 있는 삶을 위해

몸값만 올리면 된다니
인질이라도 된 걸까요.
자신을 물건처럼 대하면
삶의 반짝임을 잊게 되죠.

밥값 하는 사람보다
밥의 의미를 알기를 바라요.
살아있던 것을 먹어 생을 잇는
거룩함을 느끼길 바라요.

나잇값을 못해도 좋으니
매 순간 오롯한 나로 살기를 바라요.
나이 듦이 온전한 나로 되돌아가는
과정임을 깨달았으면 해요.

이름값 하지 않아도 좋으니.

사랑하는 이들의 이름을

다정히 불러주는 사람이기를 바라요.

꽃의 이름을 물으며 잠시 멈추는

발걸음이 있기를 바라요.

다정함이라는 자산

마음이 별로인 날에 좋은 일을 해보세요.

내 사람들에게 따뜻한 말을 건네 보세요.

도움이 필요한 이에게 손을 내밀고

사소한 친절을 베풀어 보세요.

멀리 있는 이의 안부를 묻고

곁에 있는 이에게 감사를 전하세요.

선행은 고맙단 말을 듣기 위해서가 아니죠.

세상을 감사의 눈으로 바라보기 위해서죠.

삶이 의미 없게 느껴질 때 나아갈 힘이 된답니다.

좋은 일이 생기지 않으면 어때요.

당신이 오늘을 좋은 날로 만들면 되죠.

자존은 채움으로만 가능한 건 아니랍니다.

나는 내어줌으로 가벼워지고

상대는 온기로 가득하니 모두에게 기쁨이죠.

여유롭기에 베푸는 것이 아니에요.

다정함이 우리를 강하게 만드는 거예요.

다정함을 습관 삼은 이는

쉽게 무너지지 않는답니다.

다정함은 강한 사람만이

가질 수 있는 자산이랍니다.

지금의 푸름 오늘의 당신

당신에게는 지긋지긋한 동네가
누군가에게는 낯선 풍경이겠죠.
아무것도 아닌 일상이 어떤 이에겐
한 번도 가질 수 없었던 꿈일지도 몰라요.
어쩌면 지금은 당신이 맞이할 수 있었던
가장 눈부신 오늘일지도 몰라요.

설마 그럴 리가 없다며 손사래 치는 이 순간이
간절히 돌이키고 싶은 어느 멋진 날일지도요.
도저히 믿지 못하겠다면 돌아가고 싶은 순간을,
찬란했던 한때를 떠올려 보세요.
햇살만으로도 눈부셨던, 별빛만으로도 따스했던
함께 있다는 것만으로도 충분했던 순간이 아닌가요.

당신이 어디에 있는지는 중요하지 않아요.
어디에 있건 그곳이 세상의 중심이니까요.
인생은 당신이 언제를 살고 있는가에 달려 있어요.

제3장 . 오늘을 살아갈 너에게

내일에 매달리거나 과거에 끌려다니는 대신
지금을 딛고 살아가세요.

오늘의 햇살과 별빛, 사람들
세상 누구도 다시는 볼 수 없을 장면이
지금 이곳, 당신 눈앞에 있답니다.

당신을 향해 안녕이라 말하네요.
반갑다는 인사일까요.
부디 잘 지내라는 손짓일까요.

사랑이 사라지지 않는다면

우리의 숨결은
멈춘 적 없는 물결이지만
언젠가 그칠 바람이지요.
숨결에는 지속성과 유한함이
함께 깃들어 있어요.

포유류의 심장은 평생 팔억 번 뛴다는데
누군가의 가슴을 뛰게 한 것은 언제였을까요.
일억 번 숨을 들이마시는 동안
누군가의 한숨이 되었던 것은 몇 번쯤일까요.

사랑하는 것들이 사라지지 않는다면
우리는 사랑하는 것들을 아껴주는 방법을
배우려 하지 않았을 테지요.

내 곁에 있을 때는 껴안아주지 않다가
손에 닿지 않게 된 후에야 후회하며

눈물 흘리지 않기로 해요.

사랑하겠다는 말은 공허한 구호에 불과하죠.
사랑에 미래형은 존재하지 않아요.
사랑했었던 것과 사랑하고 있는 것뿐이죠.
이미 내가 된 것과 지금의 나인 것들 말이에요.

사랑한다면 사랑을 하세요.
지금 당장 손을 잡아주세요.
입을 맞추고 껴안아 주세요.
다정함을 아끼면 미련이 된답니다.
사랑은 남기지 않아야 남길 수 있어요.

모든 순간이 여행이기에

햇살 좋은 봄날을 좋아하더라도
비바람 몰아치는 날의 멋을 즐기고
꽁꽁 언 겨울의 맛을 누릴 줄 아는 것
모든 날씨에 저마다의 기쁨이 있음을
잊지 않는 것부터 시작이죠.

낯선 음식에 도전하는 즐거움과
가끔 새로운 요리를 시도해보는 기쁨
모든 음식에 생명을 잇는 에너지가
깃들어 있음을 기억하는 것부터죠.

취향을 가꾸되 취향에 자신을 가두지 않고
신념을 지키되 신념을 강요하지 않기로 해요.
사랑에 집중하되 사람에 집착하지 않기로 해요.
매일을 봄처럼 살되 계절마다 깃든
찬란함을 놓치지 않기로 해요.

기쁨도 슬픔도 아픔과 절망까지도
당신의 이야기를 위한 장면임을 기억한다면
내쉬는 숨결마다 감사가 깃들고
내딛는 발걸음마다 여행이 되겠죠.
모든 것이 이야기가 됨을 믿는 이에게는
모든 순간이 여행이기에.

만약에

만약 당신이 아직 젊다면
시간은 충분하니까
인생을 즐기세요.

더 이상 젊지 않다고 생각한다면
시간이 얼마 남지 않았네요.
그러니 부디 인생을 누리세요.

그때의 아픔이 당신 영혼의
거름이 되어 짙은 꽃을 피웠듯

지금의 기쁨은 당신 영혼의
뿌리가 되어 삶을 버틸 힘이 될 테죠.

돌아오지 않을 사람에게
다시 만날 것처럼 안녕
손 내밀면 닿는 사람에게

다시 못 볼 것처럼 안녕

그렇게 사랑하기로.
그렇게 살아가기로.

삶에 지칠 때 되뇌는 주문

자식이 말썽을 부려
나를 한숨짓게 만들 때
누군가는 아이를 갖지 못해
눈물짓고 있을 거라고

차라리 혼자 사는 편이
나을 것 같다는 생각이 들 때
누군가는 배우자를 잃고
홀로 남겨졌을 거라고

제자리걸음만 계속하는
자신이 초라하게 느껴질 때
누군가는 세월에 밀려
저 너머로 가버렸을 거라고

그들에게 일어난 일이
나에게도 생길 수 있었다고

제3장 . 오늘을 살아갈 너에게

지금 내가 가진 것들을
사랑하는 마음이 행복이라고

관계를 지키는 말들

미안하다는 말 한마디를 못해 사람을 잃고
고맙다는 말 한마디를 아끼다 사랑을 잃지요.
사랑한다는 말 한마디 미루면
끝내 아물지 않는 상처가 되지요.

당신이 먼저 시작해 보세요.
고맙습니다. 미안합니다. 사랑합니다.
세 마디로도 관계의 말은 충분해요.
상대에게 귀를 기울이고 먼저 손을 내밀고
발걸음을 맞춰 걸어보세요.
사랑은 몸으로 하는 거니까요.

먼저 인사를 건네는 사람
작은 것들을 칭찬하는 사람
감사의 말을 나누는 사람
사랑한다는 말을 아끼지 않는
당신은 참 좋은 사람

별 거 아닌 당신의 오늘은

아무나 할 수 있는 일이라니요.
누군가 해야만 하는 일이죠.
모두가 각자의 자리에서
세상을 지탱하고 있어요.
오늘 당신이 해낸 일도 그렇죠.

오늘 아침의 햇살도 기적이었죠.
오늘 저녁의 노을도 축복이었죠.
별 거 아닌 하루도 선물이었죠.
우리가 흘려보내는 모든 순간이
다시는 볼 수 없는 풍경들이죠.

아름다운 것이 무지개뿐일까요.
당신의 모든 순간이 그러하죠.

부디 당신이 내일로 가는 문을
오늘이라는 선물 상자 안에서 발견하길 바라요.

개기월식

오늘 본 개기 월식을
이백 년 안에는 볼 수 없다더군요.
오늘 밤하늘을 지켜본 사람들에게
다음번의 개기월식은 존재하지 않는 거죠.
오늘의 달을 지켜본 이들 중에는
내일의 태양을 보지 못할 사람도 있을 테지요.
지금껏 우리가 올려다 본 모든 밤하늘이 그러했겠죠.

우리는 지구라는 배를 타고 여행하고 있지요.
버스 첫 번째 좌석에 앉는다고 빨리 도착할까요.
인생이라는 여정은 생각보다 먼 곳까지 이어져 있답니다.
부디 순위를 다투느라 풍경을 놓치지 않기를 바라요.
당신이 서있는 그곳에서만 볼 수 있는 풍경을 누리세요.
당신이 바라보는 모든 것들이 선물임을 잊지 마세요.
매일 아침 눈을 뜰 때마다 열리는 세상을 껴안아 주세요.

놀라운 사람이 되지 않아도 좋아요.

이 별에 잠시 놀러왔을 뿐이니까요.

살다 보면 좋은 날이 오다니 살아있음이 좋은 일인걸요.

매일 아침 일어나 마주한 눈부신 세상이 기적인걸요.

살아서 맛보는 모든 것이 기쁨인걸요.

좋은 일이 쉽게 오지 않는단 말은 틀렸어요.

좋은 것들은 항상 있어요. 다만 쉽게 사라질 뿐이죠.

우리가 타인에게 한 눈을 판 사이에,

더 나은 것을 바라고 더 가지려 애쓰는 사이에

멀어질 뿐이죠.

우리가 일상의 소중함을 잊는 이유는

근사한 것들에 둘러싸여 있기 때문이죠.

별 볼 일 없다 여긴 오늘도

무수한 기적이 만들어낸 풍경이었죠.

이맘때가 모여 계절이 된다

스물에는 아름다운 사랑을 할 줄 몰랐어요.
스물다섯에는 이렇게 홀로 살아가게 될 줄 몰랐어요.
서른이 되었을 때에도 책을 내게 될 줄 몰랐고
마흔에는 글쓰기를 가르치게 될 줄 몰랐어요.
돌아보니 지금까지의 모든 순간이 그러했더군요.
인생은 어떻게 될지 알 수 없는 거라지만
그렇기에 삶은 놀라운 여행이 되지요.

이제야 알겠어요. 어디로 가도 삶은 빛나고
어느 곳에 닿더라도 그곳에 기쁨이 있음을.
내게 시간이 얼마나 남았는지 모르지만
다가온 모든 순간을 사랑할 것을 알고 있어요.

인생이 어디로 흘러갈지 모르지만
어느 곳에 닿더라도 멋진 풍경을 찾아낼 수 있죠.
오늘을 기다려온 그날처럼
이곳을 평생을 찾아 헤매던 장소처럼

생이 끝날 때 마지막 기도가 이뤄져
돌아온 곳이 바로 지금인 것처럼
매 순간을 마주하기로 해요.

내일을 위해 모든 것을 걸기보다
지금의 나에게 말을 거는 오늘이기를

오늘은 오늘뿐이기에

사느라 바빠서
사는 게 무엇인지 잊어버린 건 아닌가요.
남들만큼 갖고 싶어서
나를 잃어버리지 않았나요.

우리는 상실을 두려워하지만
본래 내 것이었던 것은 없답니다.
우리가 가질 수 있는 것은 오늘뿐이랍니다.

남들은 이 나라의 미래가 되고
세상의 주인이 되라고 내버려 두고
우리는 오늘을 걷는 여행자로 살아요.

마지막 잎새처럼 세상을 바라보면
매일 아침 날 위한 봄과 마주할 수 있죠.

오늘 그리고 오늘
세상에 없던 풍경의 손님이 되기로 해요.

희망은 먼 곳의 별
감사는 이곳의 꽃

내가 서 있는 이곳이
잃어버린 것과 잃어버릴 것
사이에 있음을 잊지 않기로 해요.

한 번도 온 적 없는 이곳
다시 볼 수 없는 이곳
오늘은 오늘뿐이기에.

오늘을 맛보는 방법

추위가 없었다면 따끈따끈 붕어빵의 맛을 몰랐겠죠.
더위가 없었다면 새콤달콤 아이스크림의 맛을 몰랐겠죠.
아프지 않았다면 가만가만 쓰다듬는
손길의 고마움을 몰랐겠죠.
외롭지 않았다면 잘 지내니 묻는
말 한마디의 온기를 몰랐겠죠.

춥고 흐린 날씨가 있기에 하얗고 예쁜 눈을 볼 수 있죠.
나무에 잎이 지지 않았다면 봄날 꽃 필 자리가 없겠죠.
인생도 마찬가지 아니던가요.
힘겨운 시기를 겪으면서 일상의 반짝임을 깨닫고
아픔을 품어 내면서 영혼은 성장하니까요.

삶이 언제나 바라던 대로 되지는 않았지만
어디에 닿더라도 기쁨이 있었죠.
어떤 운명이 닥치더라도 세상을 맛보는 기쁨이죠.
우리에게 일어나는 모든 일이 음미할 추억이 되죠.

우리에게 다가온 모든 순간이 기적이고 축복이죠.

우리가 써내려가는 모든 장면이 세상에 없던 이야기랍니다.

오늘을 오롯이 맛보며 근사한 이야기를 계속하세요.

어디에 있건 어떤 일을 겪건

기쁨은 언제나 당신 곁에 있어요.

오늘에 숨겨진 선물을 찾아보세요.

하루의 색깔은 그날의 날씨가 아닌

당신의 마음씨를 따라 물든답니다.

이미 이곳에 있다

따지고 보면 결국 내 것은 없어요.
어쩌다 잠시 손에 들어왔을 뿐
시간이 지나면 사라지고 멀어지죠.
세상을 떠나는 날이 오면
우리는 모래 한 줌 쥐고 갈 수 없어요.

물론 몸을 누일 장소가 필요하고
먹고 입고 쓸 것이 있어야 하지만
글쎄요. 남들만큼 갖기 위해서
나를 포기할 필요는 없지 않을까요.

불필요한 물건을 가지려 애쓰느라
기쁨을 미뤄두고 있지는 않나요.

삶은 영원하지 않고
지나간 시간은 돌이킬 수 없어요.
내 것을 쌓기 위해 내 앞의 기쁨을 놓치지 마세요.

당신이 여행자임을 잊지 말아요.
행복의 질량은 소유의 부피나
관계의 너비와 비례하지 않아요.

무언가를 갖고 싶을 때
그것이 가짜 배고픔은 아닌지
스스로에게 물어보세요.

값비싼 조명을 사기 위해
지금의 햇살을 놓치지 말아요.
명품 옷을 가지기 위해
당신의 이름을 포기하지 말아요.
당신의 가치를 보여주려고
물건을 모을 필요는 없어요.

당신은 당신 자체로 빛나는 사람.
세상에 하나뿐인 존재이며
누구도 대신할 수 없는
이야기의 주인이니까요.

당신에게 진정 필요한 것이

단 하나라도 없었더라면

이곳으로 오지 못했겠지요.

전부 다 가질 필요는 없어요.

모든 것에 감사하는 마음으로 충분해요.

이 글을 읽고 있는 지금 이 순간

당신을 비추는 빛이 있어요.

책을 읽을 수 있는 맑은 눈과

책장을 넘길 수 있는 두 손이 있죠.

당신은 지금 배고픔을 걱정하지 않고

고통에 몸부림치지 않고 있어요.

당신을 위해 시간을 내어줄 수 있는

마음의 여유를 갖고 있어요.

우리에게 필요한 것은 이미 이곳에 있어요.

잠시 고개를 들어 주위를 둘러보세요.

당신을 둘러싼 것들을 바라보세요.

오늘의 푸름을 오롯이 누리세요.

오늘을 껴안아줄 한마디

내 곁의 사람을 존중하지 않으면
별 볼일 없는 사람의 친구
아무것도 아닌 사람의 자식
내세울 것 없는 연인의 동행으로
살아갈 수밖에 없어요.

타인을 존중하지 않으면
그들이 건네는 친절과 배려
그들에게서 얻을 수 있는 지혜를
빼앗긴 삶을 살게 될 거예요.

스스로를 존중하지 않으면
삶에 멋진 일은 생기지 않을 거예요.
마음의 목소리에 귀를 기울이지 않는다면
근사한 일은 일어나지 않을 테지요.

때문에 대신 덕분에
습관처럼 말해보세요.
일상은 감사로 채워지고
기쁨이 다가올 거예요.
당신 삶에 방문한 모든 손님을
웃으며 맞이하게 될 거예요.

친절과 다정함은
마냥 품고만 있으면
시들어 버리는 꽃이죠.
아낌없이 내어주세요.
오늘이 활짝 피어나도록

제3장 . 오늘을 살아갈 너에게

그때는 그대로 내버려 두고

그때 삶을 절망으로 이끈 사건이 아니었다면
지금의 행복은 없었겠지요.

그때 당신을 불행으로 이끈 선택이 아니었다면
지금의 당신은 없었겠지요.

그때 일상을 무너뜨리고 만 상실이 아니었다면
지금의 사랑은 만나지 못했겠지요.

그때 당신을 숨 막히게 했던 압박이 아니었다면
지금처럼 강해지지 못했겠지요.

그때 당신이 겪었던 배고픔이 감사가 되었고
그때 당신이 느꼈던 외로움이 사랑이 되었죠.

그때를 그대로 내버려 두어야
지금의 빛을 잃지 않을 수 있죠.

당신만 바라보던 그 사람과 잘 됐더라면
지금은 집착에 숨 막힐지도 몰라요.
소중함에 익숙해져서 상처 줄지도 몰라요.

당신이 바라던 학교에 가고
당신이 꿈꾸던 일을 하고 있다면
지금은 질려버렸을지도 몰라요.
생각과 다른 현실에 실망했을지도 몰라요.

어느 길을 가더라도 그림자가 있답니다.
우리는 스스로의 빛을 볼 수 없을 뿐
저 너머에서 이곳은 반짝이고 있답니다.

가보지 못한 길의 행복을 생각하느라
이곳의 기쁨을 놓치지 말아요.

삶은 그저 꽃다발

세상 누구도
어제 걸었던 발자국을
돌이키지 못하고
내일의 발걸음이 닿을
장소를 알 수 없어요.

그러니 다시 오지 못할
이곳을 사랑할 수밖에요.

뜻대로 되지 않았더라도
마음먹은 대로 나아가 닿은
지금으로 충분하지요.
오늘은 좋은 일이 생길 것 같은 날.
오늘을 마주한 것만으로도 좋은 날.
삶은 그저 꽃다발

내일로 이끌어줄 한마디

현실주의자만의 세상이었다면
우리가 현재라고 부르는 곳은
존재할 수 없었겠지요.
모험가와 야심가들이
세상을 변화시켜 왔듯이
당신이 꾸는 꿈이
삶을 신세계로 이끌 거예요.

예전의 나라는 말은
새로운 나라는 의미를
내포하고 있어요.
당신이 통과하는 매 순간이
새로운 세상의 문이죠.

당신은 길을 만드는 사람이에요.
내일의 당신을 꿈꾸는 일이
오늘을 당신의 날로 만들 거예요.

제3장 . 오늘을 살아갈 너에게

악한 일에는 온갖 핑계가 필요하지만
선한 행동의 이유는 하나뿐이죠.
당신이 마음먹은 그 일을 하세요.

당신이 삶의 어느 지점에 있건
이야기를 쓰는 사람이
자신임을 잊지 않는다면
어떤 시련에도 무너지지 않을 거예요.

제 4 장

길을 _____

잃은 _____

너에게 _____

삶이 흔들리는 순간에

당신에게 일어난 일은 당신이 아니랍니다.
빗줄기에 상처 입어도 꽃은 꽃이죠.
바람에 잎을 놓쳐도 나무는 나무죠.
당신에게 어떤 사건이 생길지라도
당신의 전부를 설명하지는 못해요.

연이은 실패도
버티기 힘든 상실도
돌이킬 수 없는 절망까지도
당신이라는 숲을 이루는 일이에요.
살아있는 존재를 정의할 문장은 없어요.

사건은 당신에게 주어진 화두일 뿐이에요.
상황에 대응해 당신이 일으킨 바람만이
당신을 설명할 수 있어요.

당신에 대한 말들도 당신이 아니에요.

당신에 대한 이야기는 당신의 이야기가 아니에요.

어떤 말도 당신을 온전히 담아낼 수 없어요.

당신은 하나의 우주이며

우주를 아우르는 문장은 존재하지 않아요.

헛된 말들도

상처 입히려는 말들도

사람들 사이를 떠도는 말들도

당신을 스쳐가는 바람일 뿐이에요.

타인의 언어는 결코

당신의 존재를 정의할 수 없어요.

당신이 흘린 땀과 당신이 껴안으려는

이름만이 당신을 증명할 수 있어요.

비도 바람도 폭풍우 치는 밤도

당신의 숲을 자라게 만드는 거름이죠.

당신은 언제나 푸르렀으며

날이 새면 당신의 숲은

짙은 생명의 초록으로 가득할 거예요.

길을 잃은 그대에게

누구도 묻지 않은 질문을 해야
아무도 얻지 못한 답을 찾아요.
새로운 세상을 여는 문은
길을 잃은 사람 앞에 있어요.

맑은 하늘은 기쁨이지만
밤에는 우주를 마주하게 되겠지요.
반짝이는 것들은 어둠 속에 있으니까요.
고통 속에는 지혜가 깃들어 있고
절망 속에는 용기가 심어져 있으니까요.

삶은 감사하는 만큼 근사해지니까요.
헨젤과 그레텔이 어두운 숲을 빠져나온 것처럼
절망이 가로막아도 기쁨을 찾으며 나아가면 돼요.

어떻게든 해내기보다
어떻게 되든 해본다는 마음으로

오늘 할 수 있는 걸 해내면 돼요.
당신이 찾는 답은 냉장고에 없지만
냉장고를 채우는 것부터 시작하는 거예요.

과거로 돌아갈 수 없는 이유는
이미 그것을 갖고 있기 때문이죠.
오늘에 머무를 수 없는 까닭은
지금이 살아 움직이고 있기 때문이죠.

길을 벗어난 사람만이 길을 만들어내죠.
선택을 믿어주면 운명이 되죠.

이야기는 끝나지 않았으니까요.
세상이 '응답 없음'이라도 당신의 생을
'신호 없음'으로 만들 수는 없으니까요.
길 잃은 별이라도 빛을 잃은 건 아니니까요.

당신이 아는 세상이 끝나면
당신이 만들 세상이 열리죠.

바람이 멈출 때까지

아무것도 하기 싫은 날
무너져도 괜찮을 날에도
뭐라도 해보려고 애쓰는
내가 미워질 때가 있지요.

아무리 생각해도
좋은 생각이 나지 않는 이유는
아무 생각도 하지 않는 것이
가장 좋은 생각이기 때문이겠죠.

아무리 애써도 상황이 나아지지 않는 건
이게 최선의 상황이기 때문일지도 몰라요.

잠시 몸을 낮추고
바람이 멈추길 기다리세요.
오도 가도 못하면
잠시 머물면 그만인걸요.

작은 것들에 물을 주라

삶이 송두리째 흔들릴 때
자신을 지키는 힘은
작은 것들에서 비롯하죠.
나를 위한 따뜻한 한 끼
사소한 것에 감사하는 태도
꾸준한 습관 같은 것들 말이죠.

스스로를 부정하고 싶을 때
나를 구해주는 힘은
작은 것들을 사랑하는 마음이죠.
딸칵하고 열리는 맥주
꽃 한 송이에 멈춰선 발걸음
책을 읽을 여유 같은 것들 말이죠.

행복은 사치라니요.
아프니까 굶겠다는 말인가요.
삶이 힘겨울수록 눈을 크게 뜨고

기쁨을 찾아내야죠.

기쁨을 누릴 시간이 없다는 건
꽃밭 한가운데에 있으면서도
향기를 맡을 겨를이 없다는 말이죠.

힘겨운 순간일수록
작은 기쁨을 누려야 해요.

오늘 작은 것들에 물을 주세요.

우주를 생각합시다

지금 하는 일이 하찮게 느껴질 때면

지구가 우주에서 차지하는 위상을 생각합시다.

인류의 역사라지만 지구가 코 한 번 풀 시간이죠.

세계의 패권이니 인류의 도약이니 떠들지만

지구의 표면을 파헤치고 서로 지지고 볶았을 뿐이죠.

지구 밖에서 한 일은 달에서 돌 몇 개를 가져온 것뿐이죠.

누가 무엇을 하건 우주에는 아무 일도 일어나지 않는다.

그렇게 생각하면 왠지 안심이 됩니다.

다들 지구라는 배를 타고 우주를 잠시 여행할 뿐이지요.

우연히 태어나 필연적으로 소멸하는 것이 인생이라면

혜성을 기다리는 대신 내게 주어진 인연을 사랑해야죠.

끝을 각오하면 열리는 문이 있습니다.

여행이라 생각하면 보이는 세계가 있습니다.

별의 일부로서 찰나의 여행을 즐기세요.

그냥 해버리는 거야

머리를 싸매도 수가 없을 때에는
신발 끈을 조이고 나아가는 거예요.
달리기 직전 긴장감이 최고조에 이르듯
시작하기 전의 두려움이 제일 크지요.
머뭇거릴수록 힘들어지기 마련이죠.
그러니까 그냥 해버리는 거예요.
안 되면 어때서요. 그만큼 나아간 거죠.

한번 알람에 맞춰 일어나지 못했다고
시계를 버리는 사람은 없잖아요.
한번 실패했다고 다시 도전하지 않으면
삶은 잠든 채 끝나 버릴 테니까요.

숨을 고르고 여기서부터 다시
거리낌 없이 나아가는 거예요.

마땅히 닿아야 할 그곳까지요.

결과를 기다리는 대신
과정을 누리며 시작을 계속하는 거예요.
목적 없는 삶을 목표로 계속해서요.

길은 당신 안에 있으니까

남들이 알아주지 않으면 어때요.
미련이 남지 않을 만큼 했는데요.
결과가 확실하지 않으면 어때요.
나를 확신할 만큼 노력했는데요.
이기지 못하면 어때요
계속 싸울 용기가 있는걸요.

우리가 두려워해야 할 것은 사건이 아니죠.
사건은 삶을 나아가게 만드는 양력이죠.
우리가 두려워해야 할 것은 시련이 아니죠.
시련은 우리를 성장시키는 거름이에요.

다시 시작하면 되죠.
첫발을 내밀 용기를 잃지 않는 한
길은 당신 안에 있으니까요.

상상하지 못하면 두려움도 없지만

상상하지 않으면 내일 역시 없어요.
소망의 힘은 예언보다 강하고
상상의 힘은 운명을 이겨내죠.
살아있는 존재는 길을 만들어요.

운명이 미래를 결정해두었다 해도
무수한 미래 중 하나를 선택하는 것은
당신의 일이니까요.

당신의 방에는 악기가 있어요.
그것을 집어 드는 순간
삶을 노래로 만들어줄 악기가.

절망은 아직 이르다

돌아갈 수 없으면 어때서요.
어디로 가도 길이 될 텐데
어찌 삶이 끝났다고 말할까요.

가난은 감사를 가르치고
두려움은 용기를 기르죠.
실패는 지혜와 함께 오고
상실은 영혼을 깊게 만들죠.

누구도 사랑을 주지 않을 때
자신을 돌보는 법을 배울 수 있고
지금의 세상이 응답하지 않을 때
무한한 세계를 꿈꿀 수 있으니까요.

이곳에 슬픔을 두고 가세요.
오늘 무슨 일을 겪었건
당신만의 특별한 이야기를 위해

반드시 필요했던 장면일 거예요.
이곳에 깃든 기쁨을 놓치지 말고
천천히 나아가세요.

생의 어떤 순간도
돌이킬 수 없는 이유는
삶의 모든 순간이
새로운 문을 열기 위해
존재하는 까닭이죠.

당신 앞의 꽃 한 송이

도저히 막기 어려울 때는 우울과 함께 흘러가는 거죠.
어떻게 해도 안 될 때는 절망과 함께 노래하는 거죠.
이런 날도, 이런 나도 사랑하는 수밖에 없다고.

모든 걸 잃었다지만 삶은 여전히 이곳에 있고
전부 끝났다지만 다시 시작된 오늘이 있어요.
당신의 영혼은 어느 때보다 반짝이고 있는 걸요.

비에 젖은 잎 바람에 날리지 않듯이
아픔을 품은 영혼은 무너지지 않아요.
나뭇가지를 떠난 꽃 춤이 되듯이
욕심을 버리면 매 순간이 노래가 되지요.

모든 게 잘 되지 않으면 어때서요.
생각대로 풀리지 않는 게 인생인 걸요.
눈앞의 꽃 한 송이도 살아갈 이유가 될 수 있어요.

꽃 한 송이가 살아갈 이유로 충분하다면
어떤 운명도 당신을 무너뜨리지 못하게 될 테죠.

이것 또한 기쁨이라고

왜 하필 나에게 이런 일이 생길까
운명이 원망스러울 때가 있어요.

결정적 시험에서 답을 밀려 쓰고
중요한 미팅을 앞두고 사고가 나죠.
몇 년간 준비한 대회에서 배탈이 나고
인생의 승부처에서 실수를 저지르죠.

어째서 지금일까 싶지만
분위기를 살피고 사정을 봐가며
불행이 찾아오지는 않으니까요.

지금 당장은 세상이 무너지고
모든 것이 물거품이 된 것 같겠지만
당신의 이야기를 위해 반드시
필요한 장면이라 생각하기로 해요.
낙엽 져야 꽃 필 자리가 있죠.

꽃이 져야 초록으로 물들죠.

바람은 강물을 막을 수 없어요.

운명은 생명을 이길 수 없어요.

무슨 일이 일어날지 선택할 수 없지만

어떻게 받아들일지 결정할 수 있어요.

정말 모든 것이 끝나버렸다면

신경 쓸 것도 걱정할 일도 없겠지요.

그 모든 일에도 불구하고

아직 살아있지 않은가요.

살아있는 한 이야기는 계속되죠.

삶의 본질은 과정에 있어요.

승자는 과정을 즐기는 사람이에요.

왜 하필 이런 일이 생겼는지

이유를 알아내는 대신에

이것 또한 기쁨이라고 생각해 보세요.

사는 것이 그러하구나

너는 아니라고 말하는 것이 상처가 됨을 배웠어요.
너는 그렇다고 말하는 것도 상처가 됨을 배웠어요.
괜찮다는 말도 소용없을 때가 있음을 배웠어요.
어떤 말도 해서는 안 되는 순간이 있음을 배웠어요.
세상에 일어나는 일을 모두 알 수 없듯이
생에 일어나는 일을 모두 이해할 필요가 없음을 배웠죠.

모두를 도울 수 없지만
사랑하는 이에게 전부를 줄 수 있음을 알아요.
모든 걸 가질 수 없지만
지금 가진 전부를 사랑할 수 있음을 알아요.

저 사람도, 나도, 당신도
각자의 계절을 살아내는 꽃인 걸요.
저마다의 속도로 흐르는 강물인 걸요.
공자가 한 말의 의미를 이제야 알겠어요.

사는 것이 그러하군요.

저 사람도, 나도, 당신도

저마다의 방식으로 그러하군요.

그래도 사랑해야만 한다

그래도 사랑해야만 하죠.
세상을 비추는 빛이었다가
삶을 데우는 온기로 남는 것은
오직 사랑뿐이니까요.
그에게 지불해야 할 것은
남기면 미련이 될 마음뿐이니까요.

그래도 꿈 꿔야만 해요.
세상을 살아갈 이유였다가
삶의 반짝이는 장면으로 남는 것은
그저 꿈꾸었던 시절이니까요.
꿈에게 지불해야 할 것은
어차피 흘러가버릴 시간뿐이니까요.

그래도 살아가야만 해요.
어둠을 걷고 겨울을 견디더라도
세상을 여행할 수 있는 기회는

단 한 번뿐이니까요.

삶에 지불할 아픔조차

사랑하고 꿈꾼 것들이 남긴 흔적이니까요.

오로지 견디는 것이 전부일지라도

시간은 당신을 다음 장소로 데려가고 있죠.

폭풍을 버텨내는 것만으로도 해냄이에요.

자신을 지키는 일이 한 세상을 구하는 일이죠.

다시 꿈꾸게 될 거예요.

다시 사랑하게 될 거예요.

새로운 세상이 당신을 기다리고 있어요.

지혜와 용기

용기 있는 이는 분노마저 연료로 사용하고
지혜로운 이는 밀어냄도 나아갈 힘으로 삼는답니다.

용기 있는 이는 타인의 말보다 나의 행동에 집중하며
지혜로운 이는 불행조차 서사를 위한 소재로 삼는답니다.

용기 있는 이는 자신을 태우지 못하는 삶을 두려워하고
지혜로운 이는 때를 기다리지 않고 스스로 길이 된답니다.

용기 있는 이의 발걸음은 길이 되고
지혜로운 이의 눈길은 별자리가 된답니다.

용기 있는 이에게는 거친 폭풍우도 노래가 되고
지혜로운 이는 작은 풀잎에게도 삶을 배운답니다.

용기 있는 이는 등 뒤의 말에 흔들리지 않고
지혜로운 이는 작은 목소리에 귀를 기울인답니다.

깜빡이거나 반짝이거나

의미 있는 일을 해야 한다는
강박에서 벗어나 쓸모의 바깥에 서면
이미 빛나고 있는 나를 발견하게 되지요.

어떤 일을 겪더라도
잠시의 깜빡거림이라 생각하기로 해요.
결국 이것 또한 지나갈 테니까요.
이 순간에도 삶은 반짝이고 있으니까요.
당신은 언제나 빛나고 있으니까요.

자유의지를 가진 인간은
사건을 운명이라 부르지 않아요.
운명은 생명의 발걸음을 따르죠.
운명은 변화를 요구하지만
길을 만드는 것은 사람이니까요.

신은 오타를 내지 않는다

슬픔뿐인 배경이라도
주제는 여전히 기쁨인걸요.
아픔으로 얼룩진 날도
무지개의 조각이에요.

초록은 지지 않아요.
생명은 길을 잃지 않아요.
사라지다니요. 그려낸 거죠.
어떻게 되긴요. 피어날 테죠.

삶은 무엇으로도 나눌 수 없죠.
성공과 실패도, 사랑과 이별도
당신의 삶을 물들이는 물감인걸요.

떨어진 열매보다
하늘 향해 뻗은 나뭇가지의 속삭임에
귀를 기울이기로 해요.

거친 바람 불어도

끝내 포기하지 않았던 나뭇가지마다

당신을 설명하는 문장이 빼곡하네요.

몸으로 꼬아낸 단단한 매듭

마디마다 새긴 무지갯빛 노래들

어둠 속을 걷는 당신이

누군가에겐 반짝이는 별이겠죠.

얼루룩덜루룩 당신의 오늘도

신에게는 알록달록 꽃이겠죠.

지금 이 순간이 그러하듯이

나뭇가지를 떠난 벚꽃이
여전히 봄에 속해있듯이
자신을 놓아버린 순간에도
삶은 당신 안에 있었어요.
지금 이 순간이 그러하듯이

꽃 진 뒤 푸르러지는 나무처럼
지금껏 겪은 아픔들이
당신의 영혼을 벼려주었죠.
마침내 자유롭게 춤추는 낙엽도
폭풍 속 나뭇가지를 껴안은 푸른 잎도
당신의 숲에서 일어나는 일이었어요.
지금 이 순간이 그러하듯이

바람에 몸을 맡긴 민들레 홀씨처럼
당신은 삶의 한가운데에 있었어요.
당신이 살아낸 모든 순간이

그 계절, 그 시간, 그곳에서
그 모든 일을 겪어낸 후에야
마주할 수 있는 장면이었어요.
지금 이 순간이 그러하듯이

길을 비추던 빛이 고여
지금 당신이라는 모습이 되었죠.
길에서 마주한 인연들은
당신은 설명하는 문장이 되었죠.

원래 당신 것인 물건도
소유할 수 있는 인연도 없어요.
잠시 당신 곁을 스쳐갈 뿐이죠.
삶 역시 그러함을 깨닫는다면
모든 것이 선물이 되고
모든 순간은 여행이 되겠죠.
지금 이 순간이 그러하듯이

온전한 나로 살아가는 일

기쁨과 친해지고 싶다면
삶의 단위를 줄여보세요.
성공한 인생 대신 오롯한 한 해
근사한 일 년 대신 무탈한 하루
보람찬 하루 대신 내 앞의 한 끼
지금 입 안의 음식에 집중하세요.

사람들과의 비교를 그만두세요.
평균의 함정에서 벗어나세요.
백분율의 노예가 되지 마세요.
누군가보다 우위에 선다고
행복의 총량이 늘어나지 않아요.
자신을 1/N로 만들지 마세요.

집착의 방향을 나에게 돌려보세요.
내가 할 수 있는 일에 집중하세요.
내가 꿈꾸는 일에 몰입해 보세요.

지금 나를 기쁘게 만들 일을 하세요.

온전한 나로 살아간다는 말은
오직 하나만을 생각하는 일이죠.
한 끼를 오롯이 음미하고
꽃 한 송이의 아름다움에 취해
지금 이곳의 나를 사랑하는 일이죠.

하나만 생각하면 어렵지 않죠.
하나만 생각하면 무겁지 않죠.
비참함이 끼어들 틈도
허무함을 느낄 이유도 없죠.
오롯한 나만의 세계니까요.

세상은 당신을 위해 존재해요.
모든 것이 당신이라는 우주의 일부죠.

오늘 당신이 해낸 것

한 치의 미동도 없이
가만히 서있어 보세요.
손끝 하나 움직이지 않고
몇 분이나 버틸 수 있었나요.

아무것도 해낸 것이 없다지만
당신은 살아있음을 해낸 거예요.
아무것도 아닌 하루라지만
오늘도 세상을 버텨낸 거예요.

무너지고 무너지면서도
나아가는 당신은 파도에요.
흔들리고 흔들리면서도
피어있는 당신이 꽃이죠.

모닥불이 아름다운 이유는
들판에 핀 꽃처럼 목적이 없기 때문이죠.

오늘이 삶이라는 이야기를 위해
반드시 필요했던 장면임을 깨닫는 날이 올 거예요.

저 너머에서 어떤 내일을 만나게 될지
기대하는 마음이 희망이라면
오늘이 저 너머에서 찾아온 내일임을
깨닫는 것이 행복의 시작이겠죠.

저 너머의 바람이 이끈
오늘을 껴안아줄 수 있다면
파도가 어디로 데려가건
즐거운 여행이 될 테죠.

별이 빛나는 밤

버틸 만하다고
참을 수 있다고
그래도 괜찮다며
얼마나 많은 날을
흘려보냈던가요.

봄날만 기다리다
시들게 내버려 둔 꽃잎들
날이 개기를 바라다
잠겨버린 청춘의 나날들
무지개를 좇느라
짓밟아버린 초록 새싹들

멀리, 빠르게
나아가지 않아도 괜찮아요.
함께 걸으려 걸음을 늦추는
꽃을 보기 위해 발길을 멈추는

그런 사람이면 돼요.

완벽하지 않으면 어때서요.
미완이기에 변화할 수 있지요.
눈을 반짝이며 이야기할
무언가를 찾는 사람이면 돼요.

각자의 삶에는 저마다의 빛이 있고
자신만의 그늘을 품고 살아가지요
삶은 어디에 있어도 빛나지만
어떻게 해도 자신의 그림자에서
도망칠 수는 없는 법이죠.
누구에게나 아픔이 있지만
자신을 삼킬 어둠이 될지
누군가 쉬어갈 그늘로 만들지는
스스로의 선택에 달려 있죠.

모든 것을 가지지 않아도
당신을 둘러싼 전부를 사랑하면
행복은 저절로 스며드는 거예요.

그러니 타인을 부러워하지 마세요.

그에게는 그의 그늘이 있으니까요.

당신은 그곳에서 빛나고 있으니까요.

별은 자신의 빛을

보지 못하는 법이랍니다.

성공의 기준은 무엇일까

남들 보기에 '그럴듯한' 직업이면 될까요.

그도 살인적인 경쟁에 지쳐 있지는 않을까요.

커다란 집과 비싼 자동차면 될까요.

할부금을 갚느라 허덕이고 있진 않을까요.

예쁜 얼굴과 근사한 몸매면 될까요.

배고픔을 참아가며 땀을 흘리고 있진 않을까요.

세상에서 가장 큰 권력을 가진 이가 되면

밤잠을 이룰 수 있을까요.

세상에서 가장 많은 자산이 있으면

내면이 풍요로울까요.

남들처럼 살아보려고 나를 포기한다.

이보다 서글픈 주객전도가 있을까요.

도대체 무엇을 위해서인가요.

한 번뿐인 삶을 타인에게 맡길

절실한 이유는 무엇인가요.

당신을 지우고 쓴 그것을
도대체 누구의 이야기라 불러야 할까요.

향에 우열이 있던가요.
꽃에 등수가 있던가요.
맛에 선악이 있던가요.
삶에 있어 비교보다
부질없는 일이 있을까요.

타인에게 맞춰진 기준이
과연 나를 위한 것일까요.
비교는 불행으로 건너는 다리죠.
평균은 삶을 구렁텅이로 밀어 넣죠.
내가 가치 있다고 믿는 일을 하는 것만으로도,
나를 기쁘게 만드는 일에 시간을 내어주면
그게 바로 성공적인 삶이 아닐까요.

우리가 가진 자산은 시간뿐이죠.
남들을 쳐다보느라 낭비하기에는 짧지만
나를 위해 살아보기에는 넉넉한 시간이죠.

당신 스스로 길을 선택한다면

당신이 걷는 길을 사랑한다면

그보다 성공적인 삶은 없어요.

성공은 자신의 길을 선택한 모두의 것이며

길은 각자의 세계로 이어져 있어요.

기쁨이 모여드는 길목

사소한 것에 감사한다고
비좁은 삶을 사는 건 아니랍니다.
자신을 낮춘 이에게
세상 모든 기쁨이 모여들죠.

지금 이곳만 생각한다고
내일이 없는 삶은 아니랍니다.
찰나를 사는 사람은
누구보다 긴 여행을 하게 되죠.

아직 오지 않은 내일 때문에
지금의 기쁨을 포기하는 건
자신이 저지르지 않은 죄로
벌을 받는 것과 다르지 않죠.

욕심으로는
방 하나 채울 수 없지만

감사의 눈은 세상 전부를 담아내지요.

물방울 하나가 모여 바다를 이루듯

지금 이 순간도 영원의 일부랍니다.

당신의 넘어짐은 파도가 된다

당신은 강한 사람이에요.
만약 그렇지 않았다면
이곳까지 오지 못했겠지요.
지금껏 겪은 아픔을 떠올려 보세요.
넘어질 때마다 다시 일어났고
흔들리면서도 멈추지 않았어요.

어떻게 해야 할지 모를 순간들을 버텨냈어요.
언제 끝날지 알 수 없는 아픔을 견뎌냈어요.
어디에도 속하지 못한 기분이 들 때도
당신은 삶의 주인이었어요.

당신의 흔들림은 꽃의 떨림이었고
당신의 넘어짐은 파도가 되었죠.
당신은 세상을 여행하는 존재.
무엇도 멈출 수 없는 바람이고
어디로든 갈 수 있는 물결이죠.

어느 바다를 항해하건
배는 선장의 것이듯
어디로 가도 당신만이
삶의 주인이죠.

삶을 바꾸는 네 가지 마법

독서는 삶을 버틸 힘을 주었고
운동으로 나를 지킬 힘을 길렀어요.
감사 일기를 쓰며 세상의 아름다움을
발견하는 방법을 배웠지요.

사실 책을 읽은 이유는 도망치기 위해서였고
운동은 현실을 외면하고 싶어서였어요.
감사 일기는 살아갈 이유가 없었기 때문이었죠.
의도가 어쨌든 상관없어요.
대단한 이유가 아니면 어때서요.
나를 위해 무언가를 하는 순간 변화는 시작돼요.

결정적인 변화는 유서 덕분이었어요.
마지막을 생각해야만 열리는 문이 있더군요.
끝을 각오해야만 시작되는 삶이 있었어요.
죽음을 껴안은 사람이 가지 못할 길은 없더군요.

생의 유한함을 받아들이니
삶의 무한한 가능성이 보이더군요.

오늘 유서를 써보세요.
당신과 삶 외에는 아무것도 없는 곳에서
나를 되찾아 돌아오세요.

어둠을 두려워할 필요는 없어요.
밤하늘의 별을 떠올려 보세요.
반짝거리는 것들은 어둠 속에 있어요.

이곳까지 온 당신에게

오래 생각해도 괜찮지만
결정을 내린 후에는
뒤를 돌아보지 마세요.
어차피 돌이킬 수 없어요.

마음먹었다면
일단 움직이는 편이 나아요.
행동하지 않으면
정신적 비만 상태가 되어
아무것도 하지 못하게 돼요.

자신을 믿지 못하는 것보다
나쁜 일은 생기지 않아요.
일단 시작했다면
자신을 믿고 나아가세요.
길을 찾으면 목적지에 닿을 테고
길을 잃으면 새로 만들면 돼요.

손에 닿지 않는 것 때문에
더 이상 슬퍼하지 않기로 해요.
그곳으로 옮겨진 적 없는
발걸음을 원망하기로 해요.

애써도 되지 않은 일은 추억이 되지만
아무것도 하지 않은 일은 후회로 남지요.

쇠로 된 다리는 섬을 잇지만
사람의 다리는 삶과 세상을 이어요.
당신이 가지 못할 곳은 없어요.

새로운 세상을 살고 싶다면

감사를 잊는 것은
새로운 세상을 발견할 눈을 잃은 거죠.

감사 일기를 시작해 보세요.
하루 한 줄이라도 좋아요.
그날의 기쁨을 기록해 보세요.
특별한 이야기를 쓰지 않아도 좋아요.
맛있었던 요리, 좋았던 풍경, 따뜻한 말 한마디
어떤 내용이라도 괜찮으니 가벼운 마음으로 쓰세요.

완벽한 삶은 없어도 오롯한 순간은 분명 존재하니까요.
지금 이 순간에만 느낄 수 있는 기쁨을 놓치지 않는 거예요.
사는 게 지긋지긋한 날에도 감사할 일 몇 가지는 있으니까요.
앞만 보느라 놓치던 기쁨을 찾는 거예요.
서둘러 가느라 보지 못한 즐거움을 만나는 거예요.
어떤 날에도 감사를 찾아낼 수 있다는 건,
무슨 일이 있어도 기쁨을 포기하지 않았다는 거죠.

아무것도 아니라 흘려보냈던 일상이
기적으로 가득했음을 깨닫게 될 거예요.

감사에는 근사한 이야기를 끌어당기는 힘이 있어요.
새로운 일을 시도하게 될 거예요.
가보지 않았던 장소를 방문하거나
먹어보지 않았던 음식에 도전하겠죠.
새로운 음악과 책을 접하게 될 거예요.
취향을 확장하며 당신의 세계는 넓어지겠죠.

어느 날 아침 무사히 눈을 떴음에 감사하게 된다면
더 이상 감사 일기를 쓰지 않아도 괜찮아요.
이미 당신은 새로운 눈을 갖고 있을 테니까요.

감사 일기로 기쁨으로 가득한 세상을 열어 보세요.

어찌 꽃이 피지 않을까

기억이 지워지는 건
단순한 건망증과는 달라요.
자신의 일부를 잃는다고 생각하지만
한 사람의 '나'를 상실하는 거죠.

부모님에 관한 기억을 잃은 나를
온전한 '나'라고 말할 수 있을까요.
평생 간직한 꿈을 기억하지 못하는
'그'는 누구일까요.

기억이 존재를 정의하지요.
우리가 가진 기억들이
저마다의 '나'라고 생각해 보세요.
일곱 살의 당신과 열두 살의 당신
스물둘의 당신과 서른이 된 당신이 모여
지금의 '나'를 이루고 있지요.

당신은 왕국의 주인이에요.

사람이 하나의 우주란 말은 진실이에요.

모든 '나'를 데리고 이곳까지 온

당신의 선택에 깃든 힘을 상상해 보세요.

매 순간 세계를 결정할 힘이 당신에게 있어요.

어떤 나를 만날지 선택하세요.

그런 다음 자신의 선택을 믿어주세요.

마땅히 마주해야 할 내일의 나를 향해

거리낌 없이 나아가세요.

과거나 미래를 바꿀 수 없는 건

그럴 필요가 없기 때문이에요.

오늘 쓰는 문장이 어제의 나를 정의하고

지금의 나에게 무수한 미래의 '나'들 중에서

누구를 만날지 선택할 힘이 있으니까요.

당신이 세상의 중심이에요.

운명은 당신의 발걸음을 따르는

그림자에 불과해요.

바람의 춤을 추고
별의 언어로 노래하세요.
어찌 꽃이 피지 않을까요.
이곳에 당신이 있는데.

벼랑 끝에는 바다가 있다

떠밀리지 않으려 안간힘을 썼지만
벼랑 끝에는 바다가 있었어요.
막다른 골목으로 몰리지 않으려 애썼지만
그곳에도 누군가 살고 있었어요.

일이 뜻대로 되지 않더라도
소중한 이를 잃었을 때에도
아무것도 남아있지 않을 때에도
생명은 날갯짓을 계속하고 있어요.

삶을 삼킬 듯 밀려드는 파도가
당신을 먼 곳으로 데려다줄 거예요.
일상을 무너뜨린 폭풍도
꽃씨 하나쯤은 품고 있을 거예요.

모든 것이 끝이라고 생각할 때
운명은 새로운 세계를 준비하고 있어요.

구름 낀 날에는 노을이 근사하고
비 온 뒤에는 초록이 짙어지듯이
지금 부는 바람이 내일로 데려다줄 테지요.
오늘의 파도는 내일의 무지개가 될 거예요.

어른이 된다는 것은

되찾고 싶은 무언가가 없다면
돌이키고 싶은 한순간이 없다면
감히 잘 살았다고 말할 수 있을까요.

언제 어른이 되는지 물었죠.
자신이 짊어진 짐을 닻으로 삼을 때랍니다.
언제 삶이 꽃이 되는지 물었죠.
자신의 상처를 웃으며 이야기할 때랍니다.

시련은 당신을 위한 물결이죠.
불안은 당신을 위한 바람이죠.
절망은 당신이 쉬어갈 의자고
고난은 당신을 기르는 햇살이죠.

당신은 어둠에서 별자리를 찾는 사람
당신 안에 있는 빛으로 삶을 밝히세요.

삶은 지금도 나아가고 있다

너무 슬퍼하지 말아요.
당신의 병은 살아있음을 증명할 뿐이에요.
당신의 슬픔은 사랑이 남긴 선물이에요.
당신의 실패는 꿈을 짓기 위한 재료에요.
당신의 공허는 모든 걸 쏟아낸 흔적이에요.

너무 걱정하지 말아요.
당신은 불안과 함께 사는 법을 알아요.
고독의 그림자에 숨겨진 비밀을 알아요.
아픔을 품으면 꽃이 되는 걸 알아요.
결핍이 가르쳐 준 지혜를 잊지 않았어요.
고난이 길러준 용기를 잃지 않았어요.

엇갈린 인연에서 추억을 얻고
반복되는 일상에서 감사를 찾으세요.
절망은 숨을 고를 쉼터고
고독은 영혼을 키우는 정원인 걸요.

무너진 꿈 터에 다시 씨앗을 심으세요.

어둠 속을 걸으며 내면의 빛을 발견하세요.
당신을 무너뜨릴 운명은 없어요.

그래도 당신은

가진 게 없다니요.
오늘 먹을 음식과
몸을 누일 이불과
만나기로 한
내일이 있는 걸요.

몸뚱이뿐이라뇨.
하늘을 볼 두 눈과
땅을 디딜 다리와
꽃을 어루만질
두 손이 있는 걸요.

아무것도 아니라니요.
부모님의 희망이었고
누군가의 사랑이었고
꿈을 품은 영혼인 걸요.

다시 길 위에 서서

이제 당신은
갈림길에서 두렵지 않습니다.
어느 길로 가도 만나지 못한
세상을 보여줄 테니까요.
당신의 선택을 믿어준다면
어떤 풍경이 펼쳐지더라도
사랑할 수 있을 테니까요.

이제 당신은
가보지 못한 길이 안타깝지 않습니다.
어떤 선택을 했더라도
분명 남겨진 길이 있을 테니까요.
당신이 걷는 길을 소중히 여긴다면
어느 곳에 닿더라도
옳은 길이 될 테니까요.

이제 당신은

막다른 길에서 불안하지 않습니다.

어느 방향으로 가도

새로운 길을 만들 기회니까요.

마음에 깃든 빛을 잃지 않는다면

어느 쪽으로 가도

당신을 위한 세계가 열릴 테니까요.

다시
꿈을 꾸는

너
에
게

내일을 쓰는 사람

"운명에 맞선다."는 말은 모순이에요.
어떻게 자신의 운명과 싸울 수 있을까요.
자신의 물건을 훔치는 일은 불가능하죠.

삶에 일어난 사건은 운명이 아니에요.
살아있는 존재만이 길을 만들죠.
운명은 당신의 선택에 달려 있어요.

종이 한 장 차이라고들 말하지만
어쩌면 마침표 하나의 차이인지도 몰라요.
간결하고 힘 있는 문장을 쓰듯이
작은 성취를 거듭하며 마침표를 찍는 거죠.
진실한 한 문장을 이어가는 거예요.
눈길 한 번 더 주면 사랑이 되듯
한 걸음 내밀면 길이 되는 게 인생이에요.

자신에게 주어진 시간을 사는 동안
해야 할 일이 무언가를 남기는 것만은 아닐 테죠.
남들과 비교되지 않을 만큼 고생하고
남들과 비교했을 때 꿀리지 않으려 애쓰다
세상을 떠나는 것이 인생이라면 허무하지 않나요.
마음을 남기지 않고 떠날 수 있다면
근사한 삶이 아닐까요.

좋은 책은 궁금하게 하고 공감하게 만들죠.
스스로도 궁금해지는 이야기.
자신만은 공감할 수 있는 이야기를
계속해서 써나간다면
그것은 누가 뭐래도 멋진 이야기가 아닐까요.

당신의 바람이 모두 이루어지지 않았지만
당신이 꾸었던 꿈들이 이곳으로 데리고 왔죠.
파도에게 어디로 데려갈지 물을 필요 없어요.
바람이 무엇을 데려올지 두려워할 이유도 없죠.
당신은 물결을 만드는 사람이니까요.
당신은 바람을 일으키는 사람이니까요.

가장 아름다운 문장은 몸으로 쓰여요.

가장 빛나는 이야기는 당신 안에 있어요.

진실한 한 줄이면 된다

낡은 담요를 덮는다고
새로운 꿈을 꾸지 못할까요.

오래된 노트에도
새로운 문장을 쓸 수 있어요.

운동화가 더러워져야
새로운 길을 찾을 수 있어요.

나이 때문에 못하는 게 아니라
나를 믿어주지 않아서예요.

상황을 핑계 삼는 대신
나를 근거로 나아가 보세요.

세상이 어떤 공식을 강요하건
당신이 쓴 문장이 정답이니까요.

진실한 한 줄이면 돼요.
지금 당신이 쓰려 하는
바로 그 문장이요.

낯선 문 앞에서

욕심은 꿈이 아니죠.
꿈은 계획되지 않아요.
꿈은 저 너머가 아닌
길 위에 있으니까요.

두려움은 부끄러운 일이 아니죠.
계속해서 나아가려는 사람에게만
모습을 드러내는 문이죠.

선택의 여지가 없다고 여겨질 때가
진짜 선택을 할 기회라는 사실을
한 걸음 더 내딛은 사람은 알게 되죠.

낯선 문 앞에 섰을 때
길이 아니라 말하던
사람들의 소란스러움은

문을 열고 들어가는 순간
멀어지기 시작할 거예요.

다시 문을 열고 돌아왔을 때
그건 당신의 길이 아니라던 입으로
이게 당신이라고 말할 거예요.
사람들을 바꿀 필요 없어요.
당신이 살아갈 세상을 바꿀 수 있으니까요.

자신의 발소리에 귀를 기울이면
어떤 말도 당신을 해치지 못해요.
자신의 선택을 믿어주면
내딛는 발걸음마다 길이 될 테죠.

바람을 쥘 수 없다고 슬퍼 마세요.
바람을 타고 날아가고 있으니까요.
꽃길이 아니라도 괜찮아요.
꿈을 향한 당신의 얼굴은
이미 빛으로 물들어 있으니까요.

무대가 끝나기 전에

살려고 안 해 본 일이 없었던 건
세월이 지난 후에는 웃어넘길 이야기가 되지만
나를 위해 무엇도 해준 적이 없었단 사실은
시간이 지날수록 짙어지는 서글픔이 되겠죠.

내일이 온다는 근거는 어디 있나요.
희망을 대출해서 오늘을 버티지 마세요.

뭐 어때요.
어차피 이곳은 살아서는
내려갈 수 없는 무대인걸요.
타인의 시선 따위 신경 쓰지 마세요.
그냥 해보고 싶은 걸 하세요.
지금 문을 열지 않으면 뭐가 뒤에 있었는지
궁금해하며 평생을 살겠죠.

화살표는 가리키는 방향으로 구부러져 있죠.

가만히 있었으면 느낄 필요 없었던 고통이죠.

제자리에서 적당한 바람을 기다리지 않고

달려가는 사람이 일으키는 바람보다 멋진 건 없어요.

실수해도 괜찮아요. 조금 돌아가면 어때서요.

충분히 싸웠단 말은 해도

충분히 이기거나 졌다는 말은 하지 않죠.

포기하지 않았다면 아직 진 게 아니니까요.

나아가는 매 순간이 승리인거죠.

'할 수 있다'는 소망은 힘이 세지만

'해보고 싶다'가 훨씬 강력한

마법의 주문이 될 때도 있답니다.

지금까지의 당신과 함께

지금부터의 당신을 향해

파도가 되어 나아가세요.

물보라를 일으키는 사람의 머리 위에는

언제나 무지개가 떠있어요.

하나뿐인 이야기를 이어가세요.
바람이 틈을 찾아들듯이
파도가 무너지면서 전진하듯이
인생은 흔들리며 나아가는 거죠.

쓸모의 바깥에 빛이 있다

어딘가로 갔다 다시 돌아오는 것을
여행이라 부르지 않나요.
어떤 도전도 실패로 끝나지 않아요.
근사한 여행을 했을 뿐이죠.

꿈은 이루어지면 빛을 잃어요.
음식을 맛보는 순간처럼
꿈은 언제나 진행형이죠.

쓸모의 바깥에 빛이 있어요.
물건처럼 쓰이지 않아도
삶은 그 자체로 반짝거려요.
당신은 이야기를 쓰는 사람이죠.

날개를 펴야만 새가 날 수 있듯이
욕심을 버려야만 멀리 갈 수 있어요.

길을 따르지 않는 바람처럼
어디로든 갈 수 있는 힘이 생겨요.

꿈꾸는 사람은 몸짓으로 말하죠.
이곳은 머문 이의 것이 아니죠.
풍경은 마음을 남기지 않은
사람의 가슴 속에 담기죠.
생은 증명이 아닌
서사의 힘으로 나아가죠.

내가 새로이 배운 청춘은

내가 아는 청춘은 스물아홉이 종착역이었어요.
내가 아는 청춘은 나이 먹으며 스러지는 거였어요.
내가 아는 청춘은 뜨거웠던 가슴이 식는 과정이었어요.

내가 새로이 배운 청춘은 꿈꾸기를 멈추지 않는 이죠.
내가 새로이 배운 청춘은 사랑을 두려워하지 않는 사람이죠.
새로이 마주한 청춘은 말을 아끼고 행동하는 이들이에요.
트렌드를 따르기보다 나라는 브랜드에
집중하는 사람이었어요.
옷보다 꽃을 좋아하고 돈보다 별을 사랑하는 사람이었어요.
그들은 누구의 인정도 바라지 않았으나 모두를 존중했어요.
무엇에도 구애받지 않았으나
무엇도 허투루 넘기지 않았어요.

그들은 삶이 한 번뿐인 여행임을 깨달은 사람이었어요.
그들은 나이에 매몰되지 않았으며 삶에 매혹되었어요.
그들은 끊임없이 배우고 꿈꾸고 사랑했어요.

모든 순간에 자신을 던지고 모든 곳에 자신을 남겼어요.

그들은 사랑하고 꿈꾸는 한 늙지 않는 세상을 살아요.

당신의 호주머니 안을 뒤져보세요.

입장권은 여전히 그곳에 있을 테니까요.

금지하는 삶, 지금 하는 삶

금지를 통해 변화를 이끌어내는 것은
자기부정을 통해 성장하겠다는 뜻이죠.
과정의 고통스러움은 말할 것도 없고
전혀 효율적이지 않은 방식이에요.

금주를 시도했다가 실패하죠.
금식은 매 순간이 인내의 연속이죠.
금연에 도전할 때마다 자기혐오에 빠지죠.
나쁜 짓을 금한다고 아이들이 따르던가요.

물길을 막을 것이 아니라
자연스러운 흐름을 만들어야 해요.
소주 대신 가볍게 와인을 마시고
저녁마다 걷기 운동을 하고
하루 한 끼는 현미밥을 먹는 식으로요.

경제를 살리자는 플래카드나

문화시민이 되자는 팻말처럼
금지는 공허한 구호에 불과해요.
스스로를 옭아매는 방식으로는
진정한 변화를 이끌어낼 수 없어요.

실패를 반복하는 대신
작은 성취를 쌓아올릴 때
비로소 긍정적인 변화가 시작되지요.
인내의 힘은 강하지만 습관의 힘은 위대해요.
모든 것은 당신에게서 시작되어야 해요.

금지하는 대신 지금 하는 거예요.
작은 변화가 일으킨 파도가
당신을 어디로 데려다주는지
확인해 보세요.

변화를 바라는 당신에게

변화가 항상 기쁨을 주진 않지만
언제나 우리를 삶의 한가운데로 인도하죠.
살아있는 존재는 앞으로 나아가지요.
세월은 삶을 밀어내지 않아요.
지금 이 순간도 우리는 파도를 타고
세상으로 밀려들고 있지요.

해내는 사람은 할 수 있을까 묻지 않고
한 번 해볼까 그냥 저질러 버리죠.
우리에게 필요한 것은 날개가 아니에요.
이곳에서 뛰어내릴 용기죠.
미래를 설득하는 언어는 행동뿐이에요.

당신이 변화를 전부 이해할 수는 없겠지만
진정한 변화는 모두 당신에게서 비롯하며
변화의 모든 순간은 당신 몸에 새겨질 거예요.
모든 문장이 당신이라는 이야기의 일부가 될 거예요.

선택에는 수많은 미래 중에서
당신이 원하는 내일을 불러오는
예언의 힘이 깃들어 있어요.

내가 아는 꿈은

내가 아는 꿈은
깨어있기 위해 꾸는 것이죠.
내가 아는 꿈은
잠에서 깬 영혼의 반짝임이죠.

어둠 속에서 별이 되는 일
한겨울 붉은 꽃 피우는 일
깊은 바다에 몸 던지는 일
아낌없이 나를 내어주어
세상에 빛을 남기는 일이에요.

높은 곳에 오르거나
너른 땅을 갖는 일과는
무관한 무언가예요.
꿈은 빛을 향한 발걸음이죠.

내면의 목소리를 따라

나로 돌아가는 길이죠.
발자국으로 만든 그림 하나
세상에 남기는 일이죠.

당신의 기쁨을 위해서
노래 부르고 춤을 추세요.
누군가 보아주지 않아도
반짝이는 별처럼 말예요.

밤을 더듬는 손에
어둠만 묻어나더라도
당신의 가슴에는 별이 맺힐 거예요.

바람과 함께 춤추라

소설 <노인과 바다>에서
산티아고가 인간은 패배하도록
만들어지지 않았다고 말한 이유는
살아있음 자체가 승리이기 때문이죠.
죽음마저 인간을 패배시킬 수 없죠.
끝난 후에는 승패 따위 상관없어지니까요.

폭풍에 꽃씨를 날려 보내고
해일에 편지를 띄우겠다고
두드리는 만큼 단단해질 거라고
흔들린 만큼 유연해질 거라고
아픈 만큼 강해질 거라고 선언하세요.

당신은 무너뜨릴 수 있는 건 사랑뿐이고
당신을 막을 수 있는 건 들꽃뿐이라고 말해주세요.
그러니 이곳에서 함께 춤을 추자고 이야기 하세요.

제5장 . 다시 꿈을 꾸는 너에게

운명에게 말해주세요.

당신을 무너뜨리고 싶다면

더 센 걸로 가져오라고

아무리 독한 걸 준비해도

삶에 취할 뿐이라고요.

길을 만드는 사람에게

내리막길을 걸을 때에도
구불구불한 길을 걸을 때에도
당신은 나아가고 있어요.

고요한 강물처럼
제자리걸음 같아도 삶은 나아가고
바위틈에 핀 풀꽃처럼
생명에는 자신을 가로막은
운명을 뚫는 힘이 깃들어 있어요.

부디 불을 밝히고 나아가세요.
당신의 발걸음을 믿어주세요.
당신이 선택하지 않았던 길 때문에
당신에게 열린 길을 포기하지 마세요.
어제의 내가 선택한 이곳에서
내일의 내가 기다리는 곳으로 나아가세요.

갈림길도 가로막지 못하는 길

지름길이 데려다주지 않는 길

발걸음마다 길이 되는 삶으로요.

밤을 걷는 너에게

외로움에 지지 않고
나다움을 기르는 마음

괴로움에 지지 않고
영혼이 단단해지는
시간으로 여기는 마음

불안함에 지지 않고
남김없이 태워낼
연료로 만드는 마음

두려움에 지지 않고
어둠 속에 숨겨진
별을 찾아내려는 마음

한숨도 바람이 되고
눈물도 파도가 된다.

여전히 희망은 있다.

빛은 당신 안에 있기에.

무너진 바람과 사라진 파도

사이에서도 꽃은 피어나리라.

당신이 내딛는 발자국마다.

두려움에 맞서는 주문

모든 것이 유한하기에
오히려 두렵지 않다.

모든 것에는 끝이 있으니
두려워할 이유가 없다.
몸을 떨며 낭비할 시간에
벼락처럼 내리치기로 하자.
구름과 함께 춤추다
폭풍처럼 쏟아지기로 하자.

과거를 아는 이는 지혜롭고
미래를 보는 이는 위대하지만
현재를 사는 이만이 누릴 수 있다.
그러니 파도 되어 밀려들기로 하자.

두려움에 대해 이야기하지 않고
두려움에게 말을 거는 사람만이

진정한 변화를 이끌어 낸다.

바꾸라. 삶을 사랑하고 싶다면
사랑하라. 삶을 바꿀 수 없다면
당신의 삶을 사랑으로 바꾸라.

당신이 서있는 이곳은

지금 이곳이 스스로 선택한 장소임을 받아들인다면
당신은 어디로든 갈 수 있을 거예요.
어쩔 수 없는 상황에 밀려온 것이 아니에요.
결과가 좋았건 그렇지 않았건
생각한 대로 되었건 그렇지 않았건 상관없어요.
중요한 것은 당신의 '선택'이니까요.
자신에게 길을 결정할 힘이 있음을 깨달으면
당신은 무엇이든 될 수 있답니다.
자신에게 깃든 힘을 믿어주세요.

지금 당신이 어디에 있건
선택의 결과를 감당하고 있는 거예요.
당신은 자신이 한 선택을 책임지는 사람이에요.
길을 조금 돌아가는 것 따위 아무것도 아니에요.
당신은 길을 만드는 사람이니까요.

시간이 없는 것이 아니라

다른 것을 위해 쓰고 있을 뿐이지요.

좋은 차나 넓은 집 같은 것 말이에요.

그것 역시 당신의 선택이었고

그에 따른 결과가 지금의 상황이죠.

남의 탓을 하는 이유는 그것이 편하기 때문이죠.

내가 탐하는 길을 가는 것이 두려운 까닭이죠.

최초나 최고도 남과의 비교가 아닌가요.

당신은 하나뿐인 존재랍니다.

유일함보다 고귀한 가치는 없어요.

잠시 잊고 살았을 뿐

여전히 힘은 당신 안에 깃들어 있어요.

보상을 위해 움직이지 않고

보람을 위해 행동한다면 잘못된 길은 없어요.

열정을 쏟아 부어 얻을 수 있는 최고의 보상은

그 일에 땀 흘린 모든 순간들이죠.

이 세상이 당신의 이야기를 위한 무대라 생각하세요.

당신은 이야기를 쓰는 사람이니까요.

시련과 갈등이 없다면 지루한 이야기만 남을 테죠.

어쩌면 이야기라고 부를 수 없을지도 몰라요.

인생을 이야기로 여기면 높은 벽과 거친 바람도

서사를 나아가게 만드는 글감에 불과해지죠.

모든 사건이 서사를 위한 소재이며

이야기는 당신의 손끝에서 시작되지요.

내가 가진 시간이 유한함을 받아들이면

내가 가진 무한의 가능성을 느낄 수 있죠.

우리는 어떤 이야기라도 쓸 수 있지만

페이지 수는 정해져 있으니까요.

기회는 다른 가능성을 포기할 수 있는 용기죠.

변화는 두려움 속에 숨겨진 길이에요.

희망은 대가를 치러야만 현실이 돼요.

어쩔 수 없는 일은 일어나지 않아요.

아무것도 하지 않았을 뿐이지요.

이곳에 있는 이유는 그곳에 가지 않은 까닭이죠.

싸우지 않고 꿈을 꿀 수는 없어요.

싸우지 않고 삶을 바꿀 수 없어요.

기다림은 타인에게 인생의 키를 맡기는 일이죠.

지금 무언가를 '하는'것만이 변화를 이끌어내죠.
행동의 결과가 어떠하든 당신이 어디로 가건
운명의 주인으로 걷는 삶은 눈부셔요.

꽃은 있는 그대로 두어야 예쁘고
길은 잇는 그대의 발걸음이 아름다워요.
실패는 운명을 만드는 이의 발자국이죠.
잘못된 선택은 존재하지 않아요.
내가 되는 선택이 있을 뿐이지요.

당신의 모든 것

잘 해야 한다는 마음이
손발을 묶고 삶을 가두죠.
어디로 가도 길이 된답니다.

질문을 하기 전까지는
자신이 답을 알고 있다는 것을
깨닫지 못하는 일들이 있어요.

세상을 향해 질문을 던졌을 때
돌아오는 대답을 삶이라 부르죠.

당신의 꿈을 비웃도록 내버려 두세요.
그는 당신이 보는 것을 볼 수 없으니까요.
꿈은 길 위에 있고 당신은 그곳을 걷고 있죠.

당신은 당신의 삶을 사랑해야만 해요.
가진 것이 그것뿐이기에.

당신의 꿈을 사랑해야만 해요.

당신은 모든 것이 될 수 있기에.

꽃길을 걷는 이보다 아름다운 사람

씨앗을 뿌리는 당신입니다.

완벽한 실패를 위한 기도

기쁨이나 성공은 나눌 수 있지만
실패만은 온전한 나만의 것이죠.
이루지 못한 꿈 덕분에 나아갈 수 있었죠.
완벽에 대한 집착을 내려놓고 나니
오르막도 내리막도 나아가는 길이더군요.

언제 끝이 올지 모르는 것이
인생임을 받아들이고 나니
시작을 두려워하지 않게 되더군요.
어떤 일이 벌어지더라도
내가 써내려가는 이야기일 뿐이니까요.

삶은 지도에 없는 길이죠.
어디로 가도 길이 되는 것이 인생이죠.
삶은 누구도 대신 써줄 수 없죠.
당신의 발걸음만이 이야기를 만들죠.
동백이 추위를 탓할까요.

연꽃이 진흙을 탓할까요.

벚꽃이 바람을 탓할까요.

생명은 운명을 탓하지 않죠.

늘 꽃길이 아니면 어때요.

당신은 바람이 불어오는 곳

꽃씨가 날아오는 그곳인걸요.

파랑주의보

삶이 가위바위보라면
운명에게 질 수가 없죠.
그가 무엇을 내는지 보고
결정할 수 있으니까요.

운명이 어디로 데려가건
당신 가슴에 깃든 빛을
빼앗아 갈 수는 없어요.

생명은 멈추지 않는 붓이죠.
흐린 하늘 위로 무지개를 그리죠.
생명은 꺾이지 않는 펜이죠.
까만 밤하늘 사이로 별을 새기죠.

타인이 무슨 말을 하건
당신 발걸음에 깃든 힘을
가로막을 수 없어요.

제5장 . 다시 꿈을 꾸는 너에게

말이 바람이라면
당신의 몸짓은 물결이죠.
바람이 아무리 불어도
강물은 바다로 흘러가죠.

당신은 멈추지 않는 파도
세상에 없던 이야기의 주인이죠.
당신은 꺾임을 두려워 않고
세상을 향해 밀려드는 너울이죠.

세계를 맛보는 방법

뷔페에서 비싼 음식만 담느라
정작 자신이 좋아하는 음식을 맛보지 못하듯
남들 보기에 그럴듯한 삶을 이루기 위해
자신이 걷고 싶은 길을 포기한 건 아닐까요.
한 번뿐인 인생인걸요.
당신이 원하는 삶을 맛보세요.

삶이라는 여행의 묘미는
내일의 운명이 어떤 풍경을 보여줄지
아무도 알 수 없다는 데 있어요.

꿈은 저 너머에 있지 않아요.
당신 안에 깃든 빛을 품고 나아가는
발걸음마다 꿈길인걸요.
설사 닿지 못한다 해도 괜찮아요.
당신이 있는 그곳이 세상의 중심이니까요.
'지금의 현실'에 꿈을 가두지 마세요.

당신의 꿈이 삶을 이끌고 가도록 허락한다면
당신이 살아갈 세상이 바뀔 테니까요.

모든 것이 준비되길 기다린다면
아무것도 시작하지 못한 채 끝나 버릴 거예요.
기쁨도, 설렘도, 뜻밖의 풍경도
지금 내민 한 걸음에서 시작되지요.

꿈을 이루어야만 멋진 걸까요.
하고 싶은 일이 있다는 것만으로도
굉장한 일이 아닐까요.
꿈에게 무언가를 건넬 수 있다는 사실
그것만으로도 삶은 근사해지지 않을까요.

별빛을 따라 걷는 삶도
달에 닿는 것만큼이나
근사한 꿈이랍니다.

제5장 . 다시 꿈을 꾸는 너에게

그때의 내가 지금의 나에게

그때의 내가 바라던 어른이 된 사람은
아마도 거의 없을 테지요.
그때의 꿈을 이루지 못했으면 어때서요.
어렸을 때 바랐던 꿈이 무엇이었건
지금의 내가 원하는 꿈과 같지 않을 텐데요.
그것은 당신이 성장했기 때문이며
꿈의 형태가 직선이 아닌 까닭이지요.

길을 잃었다고 생각한 때에도
주저앉아 울고 있을 때에도
삶의 목표를 잃었을 때에도
당신은 나아가고 있었어요.
커다란 지도를 그리는 중이었어요.

그때의 나에게 꿈을 이루었다고 말할 수 없어도
지금의 나도 그때의 너처럼 아직 꿈을 꾸고 있다고
말해줄 수 있다면 충분하지 않을까요.

네가 상상조차 못하던 이곳에서
새로운 세상의 문을 열고 있다고요.

아무리 대단한 꿈이라도
당신이 쓰고 있는 이야기의 조각일 뿐인걸요.
스스로 삶을 책임지고 실패와 상실을 감내하고
절망과 고통을 이겨내며 이곳까지 온 당신은
어떤 꿈보다 근사한 사람인걸요.

당신의 이야기는 앞으로 나아가고 있어요.
당신은 여전히 이야기를 쓰고 있어요.
당신의 꿈은 아직도 현재진행형인 걸요.
꿈을 꾸는 당신의 눈동자는
꿈을 이룬 이의 삶보다 빛난답니다.

제게는 결국 해냄이란 말보다
그래도 하고 있다는 당신의 그 말이
훨씬 근사하게 들리는 걸요.
당신 안에는 여전히 꿈이 있고
당신의 발걸음은 빛을 향하고 있으니까요.

지금 당신이 있는 그곳은 분명

십 년 전의 당신이 상상도 못한 장소일 테죠.

그 말을 뒤집어보면

십 년 후의 당신이 어디에 있을지

누구도 단언할 수 없다는 뜻이기도 하지요.

지금 빛이 보이지 않는 건

싹을 틔우려 뿌리를 뻗고 있기 때문이랍니다.

희망은 여전히 당신 안에 있어요.

그날이 오늘이기에

당신이 서있는 그곳이
스스로의 선택에 따른
결과임을 받아들이지 않는다면
그곳에서 벗어날 수도
나은 장소로 만들 수도 없을 거예요.

운명의 날이며 결전의 날
최고의 날이자 마지막 날
새로운 이야기를 시작하기 좋은 날
바로 오늘입니다.

이것만이 길이라고 가르치는 사람이
너무 많은 세상이지만 신경 쓰지 말아요.
당신이 걷는 그곳은
세상에 없던 길이니까요.

제5장 . 다시 꿈을 꾸는 너에게

당신이 어떤 길을 가야 하는지
가리키는 손가락이 아무리 많아도
삶은 당신의 발걸음에 달려 있으니까요.

멀리서 그리운 사람이 오는데
약속을 미루는 사람이 있을까요.
당신의 꿈을 내일로 미루지 말아요.
용기 내어 한 걸음을 내밀면
꿈은 오늘의 기쁨이 될 테니까요.

기적을 쓰는 사람에게

물어보지 않으면 답을 얻을 수 없죠.
상대가 운명이라 할지라도요.
아무것도 묻지 않으면
대답은 언제나 '아니'랍니다.

세상을 향해 고백하세요.
이루어지지 않으면 어때서요.
당신의 삶이 로맨스가 될 텐데요.

삶이 계획한 곳으로만 간다면
여행이 아닌 행군이겠죠.
뉘엿뉘엿 지는 노을처럼 가도 돼요.
겨울바람에 마르는 빨래처럼 살아도 돼요.
장마 사이 햇살처럼 세상을 봐요.

결과에 집착하지 말아요.
앞면이 나오건 뒷면이 나오건

동전의 가치가 변하지 않듯
어디에 닿건 삶은 빛나니까요.

운명은 삶을 승리나 패배로 이끌지 않아요.
운명은 당신을 삶으로 이끌 뿐이죠.

에필로그

- 기적을 써온 당신께

당신에게 건넬 말을
더는 찾지 못하고 멈춰 서지만
지금 이 순간에도
당신은 나아가고 있겠지요.

사랑은 당신에게 상처를 줬죠.
꿈은 당신을 밀어내고
희망은 당신을 무너뜨렸죠.
하지만 그것들이 아니었다면
생에 아름다운 장면은 없었을 테죠.

그러니 당신은 기쁨을 향해 나아가고
사랑을 끌어안아야 해요.
꿈에게 시간을 내어주고

다시 희망을 품어야만 해요.
모든 걸 내어준 순간만이
당신의 이야기가 될 테니까요.

삶은 모순투성이지만
말로 설명될 수 없기에 마법이죠.
이해할 수 없기에 기적이 되죠.
당신은 어디에 있건
생의 한가운데에 있을 거예요.

기적을 써온 당신
지금부터의 문장은
기쁨으로 가득하기를

지은이에게

1판 1쇄 발행　　2023. 11. 27

지 은 이　　김민
발 행 인　　박윤희
발 행 처　　도서출판 이곳
디 자 인　　디자인스튜디오 이곳
등　　록　　2018. 10. 8 신고번호 제 2018-000118호
주　　소　　서울 송파구 송파대로44길 9(송파동)
팩　　스　　0504.062.2548

ISBN 979-11-93519-05-9 (03190)

도서출판 이곳
우리는 단순히 책을 만들지 않습니다.
작가와 책이 마주치는 이곳에서 끊임없이 나음을 너머 다름을 생각합니다.

홈페이지　　https://bookndesign.com
이 메 일　　bookndesign@daum.net
블 로 그　　blog.naver.com/designit
유 튜 브　　**도서출판이곳**
인스타그램　　@book_n_design

이 도서의 국립중앙도서관 출판예정도서목록(CIP)은 서지정보유통지원시스템 홈페이지(http://seoji.nl.go.kr)
와 국가자료종합목록시스템(http://www.nl.go.kr/kolisnet)에서 이용하실 수 있습니다.